FISCHER

Leonie Müller

TAUSCHE WOHNUNG GEGEN BAHNCARD

Vom Versuch, nirgendwo zu wohnen
und überall zu leben

FISCHER

Originalausgabe

Erschienen bei FISCHER Taschenbuch
Frankfurt am Main, Juni 2018

© 2018 S. Fischer Verlag GmbH,
Hedderichstr. 114, D-60596 Frankfurt am Main

»Stufen«, aus: Hermann Hesse, Sämtliche Werke in 20 Bänden.
Herausgegeben von Volker Michels. Band 10: Die Gedichte.
© Suhrkamp Verlag, Frankfurt am Main 2002.
Alle Rechte bei und vorbehalten durch Suhrkamp Verlag Berlin.
Julia Engelmann, »Eines Tages, Baby«
© 2014 Wilhelm Goldmann Verlag, München,
in der Verlagsgruppe Random House GmbH

Satz: Fotosatz Amann, Memmingen
Druck und Bindung: CPI books GmbH, Leck
Printed in Germany
ISBN 978-3-596-29689-7

*Für die, die mir helfen
zu werden, wer ich bin.*

»Frau Müller, wie finden Sie das denn, dass Ihre Enkelin ihre Wohnung aufgegeben hat und jetzt für ein Jahr im Zug wohnen möchte?«, fragt der Redakteur vom WDR.
»Ja, das ist ja mal ganz interessant, ne!«, lächelt meine 94-jährige Großmutter verschmitzt in die Kamera und fügt bedacht hinzu:

»Meine Mutter sagte immer: Junge Menschen müssen sich den Wind um die Nase wehen lassen, die müssen von zu Hause weggehen und das Leben erst lernen.«

»Sei achtzehn«, hatte er gesagt. Ich weiß nicht mehr, worum genau es ging, aber als wir abends mit Freunden auf den Stufen am Stuttgarter Rathausplatz saßen und ich auf seine Frage nach meinem Alter »achtzehn« geantwortet hatte, sagte er, weise lächelnd, »Sei achtzehn.«

Ich glaube nicht, dass ich mit achtzehn wusste, wie man achtzehn ist. Ich glaube nicht, dass irgendjemand genau weiß, wie man mit achtzehn ist oder sein sollte oder sein kann, aber diese Worte sind in meinem Kopf hängengeblieben wie dieser eine wundervolle Moment, in dem der lila Scheinwerfer runde Strahlen über das DJ-Pult warf und mir versicherte, dass es sich lohnt, sein Leben zu leben, und ich habe seitdem oft an sie gedacht.

Vielleicht müssen wir gar nicht genau wissen, wie man achtzehn ist. Vielleicht reicht es schon zu wissen, wie man nicht mit achtzehn ist, und im Zweifel müssen wir davon dann einfach das Gegenteil tun.

Inhalt

PROLOG: Der Ernst des Lebens **13**

KAPITEL 1: Grünes Licht **17**

KAPITEL 2: Dreieinhalb Chihuahuas oder:
mobil statt möbliert **21**

KAPITEL 3: Ta-da **28**

KAPITEL 4: Vielleicht ist Heimat was für Leute,
die immer an einem Ort sind **36**

KAPITEL 5: A german concept **42**

KAPITEL 6: Vier Zipfel to see before you die **47**

KAPITEL 7: Hier stehe ich:
Die Erfindung der Sesshaftigkeit **51**

KAPITEL 8: Pizza Margherita **62**

KAPITEL 9: Oben, unten, *links*, rechts **67**

KAPITEL 10: Mit Hesse im Tchibo **72**

KAPITEL 11: Hello, my name is **79**

KAPITEL 12: Ich war da **83**

KAPITEL 13: Am liebsten alle oder:
Die Perfektion frisst ihre Kinder **100**

KAPITEL 14: Oben, *unten*, links, rechts **109**

KAPITEL 15: Die Abhängigkeit der Anderen **115**

KAPITEL 16: Beethovens Fünfte **117**

KAPITEL 17: Ich kann dein Held sein, Baby **126**

KAPITEL 18: Oben, unten, links, *rechts* **134**

KAPITEL 19: Da sein 2.0 **141**

KAPITEL 20: Leben ist tödlich **145**

KAPITEL 21: B-Seite **148**

KAPITEL 22: Im Rad **155**

KAPITEL 23: Nicht-Ich **156**

KAPITEL 24: Bavarian Beauty **166**

KAPITEL 25: Die Aussicht auf Leben oder:
Warten in Dortmund **185**

KAPITEL 26: *Oben*, unten, links, rechts **196**

KAPITEL 27: Die fabelhafte Welt
des Max Mustermann **203**

KAPITEL 28: Zurück in der Zukunft **216**

KAPITEL 29: Zuhause to go **222**

KAPITEL 30: Liebes Pendeln (Kein Liebesbrief) **225**

KAPITEL 31: Nicht-Warten **235**

KAPITEL 32: Jedem Ende **238**

Epilog **243**

Danksagung **251**

PROLOG

Der Ernst des Lebens

Der Ernst des Lebens scheint ein ungeduldiger Mann zu sein. Deswegen hat er Leute rekrutiert, die stets seine, na ja, weniger frohe Botschaft im Volk verbreiten sollen. Ich stelle ihn mir wie einen Fürsten aus dem 16. Jahrhundert vor: ein breiter Hut, brokatbesetzte Kleider, Strumpfhosen und streng erhobener Zeigefinger. Von dem, was ich so gehört habe, habe ich den Eindruck, er präferiert Käse und Lebensläufe mit möglichst wenig Freiräumen, tut die ganze Zeit nur schrecklich vernünftige Dinge, und die Welt ist für ihn genau dann in Ordnung, wenn sie langweilig oder ernüchternd ist. Vielleicht ist ihm auch selbst langweilig, oder er wird nach Erfolgsquote bezahlt, auf jeden Fall scheint es ihm ein Anliegen zu sein, dass wir sein Bildnis in einem goldenen Rahmen am schwarzen Brett unseres Bewusstseins hängen haben.

Ich weiß das sehr genau, weil ich ein junger Mensch bin – mit Anfang zwanzig war man früher mal schon fast tot, gehört aber heutzutage ja unbestreitbar zur jüngeren Bevölkerung unseres Landes –, und junge Menschen hören sehr viel vom Ernst des Lebens. Fast genau in dem Moment, in dem unser Umfeld aufhört, vom Weihnachtsmann zu erzählen, fängt es an, vom Ernst des Lebens zu reden, was zunächst auch interessant erscheint, aber dann mit weniger Lichterketten und Keksen und mehr mysteriösem »Erwachsensein« zu tun hat; und je älter ich werde, desto stärker habe ich das Gefühl, ich soll mit jemandem verkuppelt werden, den eigentlich keiner mag, der mir aber trotzdem nahegelegt wird, »weil das so ist«, »weil man das so macht« oder »weil wir das immer schon so gemacht haben«. Würde Sonja Zietlow die *25 schlechtesten Gründe, irgendetwas auf diesem Planeten zu tun,* präsentieren, dürften diese drei Begründungen fragwürdiger argumentativer Tiefe von mir aus stolz auf dem Top-3-Treppchen ihre Nase in die Luft strecken. Sie sind geradezu der beste Indikator dafür, dass ich mit großer Wahrscheinlichkeit das Bedürfnis verspüren werde, das genaue Gegenteil dieser Sache zu tun oder sie zumindest so gründlich zu hinterfragen wie jede Porenreinigungswaschgelwerbung im Fernsehen.

Dass der Ernst des Lebens auch auf mich einige seiner Botschafter angesetzt hatte, wurde mir spätestens klar, als ich zwanzig wurde. Nach dem freiwilligen sozialen Jahr nach dem Abi entschloss ich mich dazu, mein Studium auf nach der Weltreise zu verschieben. Ich wanderte barfuß durch fijianischen Dschungel, lenkte ein Boot auf dem braunen Wasser des Mekong, feierte glitzernd schwüle

Weihnachten in Saigon, begab mich auf die Spuren der Hobbits in Neuseeland und der Jurassic-Park-Dinos auf Hawaii. Während ich in Flipflops durch die Weltgeschichte stiefelte und an Teenagerhorden vor Justin Biebers finnischem Hotelzimmer sozioethnologische Beobachtungsstudien durchführte, war der Ernst des Lebens irgendwie immer dabei. Er lebte in Sätzen wie »Klasse, da erlebst du bestimmt viel« mit dem optimistischen Zusatz »So frei bist du ja auch nie wieder«, und, während statt mir nur die Monate ins Land gingen, in der unauffälligen Nachfrage »Und was machst du so, wenn du wieder da bist?«. Wie das Damoklesschwert schien er über der Schiebetür am Flughafen zu hängen, in der ich nach neun Monaten Reiseleben meinen ersten Schritt auf deutschen Boden setzen würde. Was genau diese Freiheit war, die ich da jetzt ein bemerkenswertes erstes und letztes Mal gleichzeitig genießen durfte, verriet mir niemand, aber »wieder da« zu sein klang bedrohlich und gruselig, als hätte ich einen Ausflug durch die schön geputzte Matrix unternommen und käme nun zurück in die dunkle, dreckige, gewitterwolkige Realität.

Fast zwei Jahre ist es jetzt her, dass ich Isa und Kathi hinter der Schiebetür des Stuttgarter Flughafens winken sah und erleichtert lächelte. Vielleicht ist es noch nicht der Ernst des Lebens, der sich seitdem in mein Leben geschlichen hat, aber doch der Ernst des Studentenlebens, der, seitdem er auf Geschäftsreise in Bologna war, auch nicht mehr das ist, was er mal war: Seit fast zwei Jahren wohne ich wieder in meiner Wohnung in Stuttgart, sitze mehrmals die Woche in der Regionalbahn zwischen Stuttgart und Tübingen, um vorgegebene Kurse zu besuchen, und trage auffällig selten Flipflops. Der Alltag hat seine Krallen um mich gelegt, die Semesterferien sind mein Refugium der Freiheit, und obwohl ich meine Wohnung mag und gerne zur Uni fahre, ist da irgendwie dieses Gefühl, von dem ich doch nie wollte, dass es da ist: Ich bin unzufrieden. Nun könnte ich in den Wald gehen und von Würmern und Beeren leben, aber ich studiere ja keinen Bachelor of Baumhausbuilding, sondern Geisteswissenschaften – und wer zwingt mich, mich zwischen dem Zauber des Reisens und der unbestreitbaren Vernünftigkeit eines vernünftigen Lebens zu entscheiden? Meine Generation hat von den Marketingleuten eines Baumarkts gelernt, dass man auf alles Rabatt bekommen kann, außer auf Tiernahrung –, und ich möchte versuchen, Rabatt auf den Ernst des Lebens zu bekommen. Auf den Alltag, die Routine, die Unzufriedenheit. Mir wieder den Wind um die Nase wehen lassen. Und was wäre da nahe liegender, als das zur Grundlage meines Alltags zu machen, womit ich selbstverständlich meine Freizeit verbringe? Es wundert mich fast ein bisschen, dass ich da nicht früher drauf gekommen bin.

KAPITEL 1

Grünes Licht

Jede gute Idee beginnt mit einem bescheuerten Moment. Ein Moment wie eine Kreuzung, nachts um drei. Leere Straße, rote Fußgängerampel, stehen bleiben. Ein Steppenläufer rollt durchs Bild. Die Ruhe vor dem Sturm? Rote Ampeln sind eine gute Sache. Wenn Autos da sind. Und Kleinkinder, denen man ein Vorbild sein sollte. Keine Kinder, keine Autos. Nur die rote Ampel, die leere Straße und ich. Innehalten.
Wollte ich jetzt wirklich darauf warten, dass die Ampel grün wird? Ungläubig starre ich in die Nacht. Diese plötzliche Offensichtlichkeit: Ein System, das Sinn hat, es ergibt nur gerade keinen Sinn, sich daran zu halten.

In dem bescheuerten Moment, mit dem diese Geschichte anfängt, hatte ich eine Jogginghose an und war sauer. Vielleicht ist das grundsätzlich gar kein schlechter Anfang für eine Geschichte: Es gibt definitiv viele verschiedene Gründe dafür, Jogginghosen zu tragen und sauer zu sein, und definitiv viel Potential, beides zu ändern. Theoretisch jedenfalls war es ein entspannter Tag der Semesterferien, deswegen die Jogginghose, praktisch ärgerte ich mich über eine Auseinandersetzung mit meiner Vermieterin in Stuttgart. »Wie oft bist du eigentlich zu Hause?«, fragte mein Freund, in der Küche seiner WG in Köln sitzend, durch die ich auf und ab stampfte. Wir waren erst vor kurzem zusammengekommen, und er wusste, dass ich viel unterwegs war. Dann war die Idee da, und sie ging einfach nicht mehr weg. Und jetzt ist aus der Idee ein Anfang geworden.

Jedem Anfang wohnt ein Zauber inne, hat Hermann Hesse mal geschrieben. Vielleicht ist er nie umgezogen, oder er hatte deutlich weniger Kram als ich, aber ich bin mir sicher, dass er das meinte, was nach einem Umzug kommt. Am Ende des sechsten Tages, als Gott kurz davor war, Feierabend zu machen, klappte er noch mal seinen Laptop auf und schrieb ins Dokument der universellen Gesetze: »Ein jeder Umzug hat unglaublich anstrengend zu sein. Die sollen mal schön konfrontiert werden mit all dem Zeug, das sie sich gekauft und nie gebraucht haben. Egal ob die Mathe im Abi hatten oder nicht, sie müssen auf jeden Fall die Anzahl der benötigten Umzugskisten falsch einschätzen, und es muss immer alles wesentlich länger dauern als gedacht. Und mach da mal ein bisschen Regen rein. Es muss auf jeden Fall regnen.«

Ein paar Jahrtausende später stehe ich an einem grauen Stuttgarter Frühlingstag zusammen mit zwei Freunden in einem fünfunddreißig Quadratmeter großen Schlachtfeld aus Klamottenstapeln, offenen Schränken und halbausgeräumten Schubladen. Ich habe die Anzahl der benötigten Umzugskisten mehr als unterschätzt, alles verspätet sich, und gerade als wir anfangen, den Transporter zu beladen, fängt es an zu regnen. Auszüge sind mit Abstand das beste Argument, um nie wieder irgendwo einzuziehen oder es zumindest möglichst lange zu lassen. Und genau das werde ich jetzt auch erst mal machen. Denn: Ich verlasse meine Wohnung für ein Leben in und mit der Deutschen Bahn. Vielleicht denken Sie jetzt an die gläserne Berliner Firmenzentrale oder an einen ausgemusterten Intercity-Waggon an einem einsamen Waldrand – doch für mindestens zwölf Monate möchte ich die Hunderten fahrenden ICEs, Intercitys, Eurocitys und S-Bahnen dieses Landes zu meinem Hauptlebensmittel machen, das neue Nudeln mit Tomatensoße, sozusagen. Mein Mietvertrag? Das *All you can drive*-Ticket der DB: die BahnCard100, die weniger verbreitete große Schwester der BahnCards 25 und 50. Ein schwarzgrünes Jahresticket im Scheckkartenformat, Eintrittskarte für alle Fernverkehrszüge, Regionalbahnen und den öffentlichen Nahverkehr in 120 Städten, gültig für ein Jahr. Schlafen werde ich bei Freunden und Verwandten im ganzen Land, regelmäßig meiner Uni in Tübingen einen Besuch abstatten und ansonsten das tun, was ich vorher auch schon immer getan habe: unterwegs sein und Deutschland erkunden. Nur eben ohne eine eigene Wohnung, zu der ich

trotz aller Gemütlichkeit doch immer wieder nur zurückkomme, weil ich irgendwann mal dort eingezogen bin.
Das ist ja eine totale Schnapsidee, denken Sie sich jetzt, und da kann ich Ihnen nur zustimmen. Doch wie sagte schon der heilige IKEA:

»Wohnst du noch, oder lebst du schon?«

Zeit zu leben.

KAPITEL 2

Dreieinhalb Chihuahuas oder: mobil statt möbliert

»Aha?!«, fragt Kathi überrascht-liebevoll durchs Telefon.

Die drei viel zu lang dauernden Wochen zwischen Idee und Auszug verbringe ich mit der universell festgelegten Umzugsvorbereitung: Freunde informieren, Post umleiten und mich fragen, wie ich jemals den ganzen Kram wieder loswerde, der unter noch nicht vollständig geklärten Umständen seinen Weg zunächst in meinen Besitz und dann in meine Wohnung finden konnte.

»Du weißt schon, dass Berlin–Tübingen und Bielefeld–Tübingen sechs Stunden dauert und Köln–Tübingen auch vier?«
Kathi und ich haben zusammen in Bielefeld Abi gemacht und sind beide im Schwabenländle gelandet, sie durchs Studium, ich durchs FSJ. Seit dem Beginn meines Studiums vor drei Semestern schlafe ich in der Vorlesungszeit ein, zwei Nächte die Woche bei ihr, so dass sich an unserem obligatorischen montäglichen Mädelsabend in Tübingen eigentlich gar nichts ändert, außer dass ich

währenddessen nicht mehr meine Stuttgarter Wohnung leer zurücklasse. »Na du kommst ja auf Ideen«, schreibt meine Mutter und schickt ihrer SMS zwei Minuten später ein »Hast du wahrscheinlich von mir« hinterher. Auf meine Facebook-Ankündigung, in Kürze freiwillig wohnungslos zu sein, hagelt es neben diversen Verrücktheitsbekundungen Einladungen auf Sofas in die verschiedensten Städte. So richtig überrascht von meinem Vorhaben scheint keiner zu sein, irgendwie sind sich alle einig: bescheuert, aber passt. »Eine gute Entscheidung!«, kommentiert auch der grinsende Beamte im Kölner Bürgerbüro den Entschluss, meinen Wohnsitz von Stuttgart nach Köln umzumelden, damit mein Freund dort die Post entgegennehmen kann.

Wie es sich für einen vernünftigen Umzug gehört, baue ich bereits vor meinem Einzug um und hole mir einen Handyvertrag bei der Telekom, die die Hotspots in den ICEs betreibt, um mein zukünftiges Wohn- zum Arbeitszimmer zu erweitern. Die Zeit im Zug wird auch Freizeit sein, aber eben auch die Zeit, in der ich Texte lesen, Referate vorbereiten und an Hausarbeiten schreiben werde. Zwischen gutbeleuchteten, aufgereihten Handys drückt der Telekom-Mann mir meine Vertragsunterlagen in einer Mappe mit der Aufschrift *Zuhause und mobil werden eins* in die Hand, und für einen kurzen Moment unterstellt mein Gehirn ihm hellseherische Fähigkeiten. Als Ergänzung zur Bahn melde ich mich bei einer Reihe Car- und

Bike-Sharing-Diensten an, mit denen ich für einen Minutenpreis Fahrzeuge mieten kann, und, was ich nie für mein Leben vorgesehen hatte, bei einer Fitnessstudiokette: zu verlockend die Möglichkeit, überall in Deutschland trainieren, duschen und in der Sauna rumhängen zu können. Damit ich den Familienkeller nicht überfülle und vor allem weil ich nicht weiß, wann ich sie wieder brauchen werde, vermache ich Kathi in Tübingen meine Lieblings-IKEA-Lampe, meiner Mutter in Berlin, nicht ganz uneigennützig, meinen Schlafsessel und einer anderen Freundin mein Lieblings-Werkzeugset – nicht, dass ich irgendwann aus Langeweile oder übergreifenden Heimatgefühlen auf die Idee komme, kaputte Zugsitze zu reparieren oder Bilder an die Zugwand zu nageln.

Viel mehr Spaß, als Kisten zu packen, habe ich daran, mein Gepäck für den neuen Lebensabschnitt zusammenzustellen. Mit fast weltreisegleicher Vorfreude krame ich meinen graugrünen 40-Liter-Rucksack, Kabinengröße im Flugzeug, aus der Ecke meines Kleiderschranks: Ich hatte ihn nach meiner Weltreise gekauft, mit dem Versprechen an mich selbst, nie wieder mit zu viel Kram unterwegs zu sein. Langsam füllt er sich mit ein paar Kosmetikartikeln, meinem Notizbuch, Laptop und wenigen analogen Uniunterlagen, mehr brauche ich nicht. Möchte ich nicht brauchen. Kann ich nicht brauchen: Bis auf ein paar bei Freunden stationierte Klamotten trage ich nun jedes Gramm meiner materiellen Bedürfnisse täglich mit mir herum. Auch meine Vorliebe für dunkelblaue Kleidung hat nun endlich ihren Sinn gefunden: Mit ihnen werde ich mich wie ein Chamäleon den dunkelblauen Sitzen der zweiten Klasse anpassen – und kann alles miteinander kombinieren.

Betreten Sie die Welt der Mobilität, begrüßen mich die dicken, weißen Buchstaben auf dem knallschwarzen Umschlag, den ich mit einem freudigen »Hallöchen!« aus dem Briefkasten ziehe. Neongrüne Streckenlinien erhellen vielversprechend den Umriss der Bundesrepublik auf dunklem Hintergrund: *Ein ganzes Netz wartet auf Sie.* Jetzt bin ich Teil der 45 000 Menschen, geradezu elitären 0,06 Prozent der deutschen Bevölkerung, die diese Karte ihr Eigen nennen. Ob ich vorher schon mal zu einem Zweitausendstel dieses Landes gehört habe? Vielleicht waren es ja so viele wenige, deren Meerschweinchen aus dem Tierheim Sissi und Franz hießen. Franz war gescheckt und blind und Sissi grau und übergewichtig, sie waren ein unheimlich süßes Paar ...
... noch nie habe ich für ein harmlos scheinendes Stück Plastik so viel Geld ausgegeben: 4090 Euro im Jahr, 340 Euro im Monat für eine offene Bahn-Beziehung statt monogamer Zugbindung. Ich kann es mir nicht verkneifen, kurz zu recherchieren, was ich stattdessen von dem Geld kaufen könnte, finde aber weder dreieinhalb Chihuahuas auf einer zwielichtigen Website noch einen Schreibtisch mit integriertem Laufband, oder ist es ein

Laufband mit integriertem Schreibtisch?, überzeugend genug, meinen Plan zu ändern. Vielleicht sollte ich dauerhaft bei IKEA einziehen und die 11,20 Euro täglich in Hotdogs und Nachfüllcola aus dem Schwedenshop hinter den Kassen investieren? Diese bisher noch nie ernsthaft bedachte Möglichkeit erscheint mir auf einmal verlockend verführerisch: Nachts wäre ich beneidete Regentin des Bällebads, unangefochtene Rekordhalterin des Einkaufswagenrennens in der Markthalle im Erdgeschoss, und ich könnte endlich mal unbeobachtet ausprobieren, ob ich noch durch die Minirutschen beim Übergang zur Kinderabteilung passe. Andererseits würden dann tagsüber Tausende Menschen durch mein weitläufiges, zweistöckiges Anwesen latschen, um auf HESSENG und HYLLESTAD Probe zu liegen, und das fände ich doch deutlich nerviger als die täglichen Kontrollen meines Mietvertrages in der Bahn. Und schließlich investiere ich den Betrag ja nur um: von der Miete und dem ein Sechstel der BahnCard kostenden Semesterticket Stuttgart-Tübingen in eine kleine, schwarze Karte. Mein neues Motto: mobil statt möbliert.

Ein paar Tage nach meinem Auszug bin ich zum letzten Mal in meiner alten Wohnung, durchputzen, Schlüsselübergabe, gedankliches Seufzen. Ein letztes Mal gehe ich durch den hölzernen Türrahmen, die Treppe runter, durch den schmalen Weg im Garten. Bei den netten Leuten im kleinen Tante-Emma-Laden um die Ecke habe ich mich neulich schon verabschiedet, mehr gibt es hier nicht zu tun. Ich denke an meinen Einzug vor vier Jahren und den Gedanken, den ich zwischen damals und jetzt mal hatte: Irgendwann werde ich hier ausziehen, und das wird komisch sein. Ich lächle, als ich um die Ecke biege: Das hier ist nicht komisch. Es ist einfach nur richtig. Ein neuer Abschnitt beginnt, und ich habe und kann absolut keine Ahnung haben, was mich noch erwartet – aber ich weiß, dass das hier das ist, was ich tun möchte. Und ich bin dankbar, dass ich es tun kann.

Meinen Rucksack auf den Rücken und den Helm auf den Kopf geschnallt, klappe ich das Visier herunter und düse mit dem Fahrtwind um die Nase unter dem vielversprechenden abendlichen Frühsommerhimmel mit meinem Roller in Richtung Bahnhof. Ein letztes Mal lassen wir uns die steile Straße runterrollen, bremsen an der Kreuzung, nehmen Anlauf Richtung Hauptstraße. In meinem Kopf läuft eine Reggaemelodie, zu der ich fröhlich auf meinem Sitz hin und her wippe. Was schiefgehen könnte? Zugegeben, einiges: Die Gewerkschaft Deutscher Lokführer könnte sich jede Woche einen neuen Grund für einen Bahnstreik ausdenken, ich könnte meinen Rucksack irgendwo stehen lassen, Bahnfahren auf Dauer ziemlich nervig finden, meine ziemlich frische Beziehung könnte zu Ende gehen, ich könnte meinen Freunden oder mir selbst auf die Nerven gehen … aber dann geht es schief, und dann weiß ich, dass es schiefgegangen ist. Auf jeden Fall werde ich mich in zwanzig Jahren nicht fragen, was wohl gewesen wäre, wenn ich in meinem Bachelorstudium diese verrückte Wohnungslosigkeits-und-BahnCard100-Idee ausprobiert hätte – ich möchte dem, was passiert, wenn es nicht schiefgeht, genauso die Möglichkeit geben zu passieren. Irgendwas geht halt immer schief, und das ist in Ordnung, beschließe ich. Wahrscheinlich.

Als ich um die Ecke biege und der vertraute Stuttgarter Hauptbahnhof auf mich zutanzt, beschleicht mich das wohlig-warme Gefühl frisch gebrühter Freiheit. Die letzten Sonnenstrahlen des Tages lenken meinen Blick auf die geschwungenen Neonbuchstaben am braunen Sandstein der Bahnhofsfassade.

... daß diese Furcht zu irren schon der Irrtum selbst ist, glüht dort. *Georg Wilhelm Friedrich Hegel*

»Ach komm schon«, grinse ich nach oben in Richtung Universum. »Das ist doch jetzt echt ein bisschen zu kitschig.«

KAPITEL 3

Ta-da

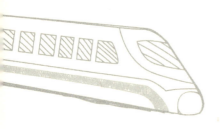

»Läuft bei dir!«

Es ist der vierte Tag meiner freiwilligen Lebensgemeinschaft mit der Deutschen Bahn. Nach dem Auszug am Freitag habe ich meinen Kram in den Familienkeller in Bielefeld gestellt, den restlichen Samstag in Stuttgart und den Sonntag in Köln verbracht. Jetzt ist es Montagmorgen, ich muss zum ersten Mal in diesem neuen Lebensabschnitt zur Uni, und ta-da: Die Lokführer streiken. Hesses Zauber wird mich dank sporadisch eingesetzter Ersatzzüge zwar fast problemfrei zur Uni nach Tübingen kommen lassen, mir aber keineswegs die genüsslich hämischen Kommentare aus meinem Umfeld ersparen, ob ich mir sicher sei, dass die Nummer mit dem Bahnwohnsitz wirklich so eine geniale Idee war.

Trotz des suboptimalen Anfangs meiner Wohnraumlosigkeit bin ich zuversichtlich, das richtige Abenteuer zur richtigen Zeit gewagt zu haben, und hopse enthusiastisch die letzten Stufen der Rolltreppe zum Gleis hoch.

Kein stundenlanger Flug, kein Jetlag, kein Einreiseformular: Mein neuer Lebensabschnitt hat ungewohnt unspektakulär begonnen. Während sich der Kölner Bahnsteig mit genervten Pendlern und das bundesrepublikanische Internet mit »Sänk ju for traweling«-Posts füllt, strahlt die morgendliche Frühlingssonne mit mir um die Wette. Dass die Strecke von irgendwo über Stuttgart nach Tübingen in den kommenden drei Monaten noch meine Stammstrecke sein wird, bevor ich ab dem Herbst weniger Zeit in der Uni verbringen werde, ist mir irgendwie ziemlich egal. Das Gewusel aus Menschen, Stimmen und der Melodie der ständigen Lautsprecherdurchsagen verströmt den so geliebten und vermissten Hauch eines Abenteuers in mir, und wie ein Schneckenhaus schmiegt sich mein Rucksack an meinen Rücken. Das Schneckenhausgefühl, wie es meine Ma beim Campen mal nannte: die Freiheit, überallhin zu können, und die wunderbare Gewissheit, alles dabeizuhaben, was ich brauche. Und eben auch eine Menge Dinge nicht zu brauchen. Seit ich denken kann, habe ich dieses Gefühl genossen, und es jetzt bei dem dabeizuhaben, was mein neuer Alltag sein soll, fühlt sich so vertraut wie neu, so verrückt wie beruhigend gut an.

»Als Deutscher im Ausland steht man vor der Frage, ob man sich benehmen muss oder ob schon mal Deutsche da gewesen sind«, lautet ein Kurt Tucholsky unterstelltes Zitat. Mich im Vorteil wähnend, als Deutsche in Deutschland ja weiterhin als Einheimische getarnt zu sein, bringe ich unauffällig bei einer Zugbegleiterin das Geheimnis freier Sitzplätze in Erfahrung: Die ICE-Waggons mit der Zwanziger-Nummerierung würden zuerst mit Reservierungen gefüllt, dementsprechend seien die Dreißiger-Waggons meist leerer. Sofort winkt mich ein freier Fensterplatz zu sich, in den ich mich genüsslich fallen lasse. Ich klebe meine Nase ans Fenster und schicke meinen Blick den 400 Meter langen Zug entlang. Eins steht jetzt schon fest: Das ist definitiv der günstigste Quadratmeterpreis, den ich je bezahlt habe und bezahlen werde.

Unbeeindruckt von ihrer Sitzfläche hat es sich eine Taube auf dem Denkmal von Kaiser Wilhelm II. gemütlich gemacht. An ihr vorbei beginnt mein Zug gemächlich über die Hohenzollernbrücke zu rollen, unter mir glitzert der Rhein, auf der Brücke dort hinten entwickelt sich eine der jährlich 500 000 Staumeldungen in Deutschland. Mein romantischer Ausblick wird jäh unterbrochen: Es klingelt. Auf Telefonieren im Zug, habe ich schon jetzt eigentlich so gar keine Lust, fühle mich durch die unbekannte Nummer aber unter Druck gesetzt, etwas Wichtiges verpassen zu können, und flüstere mit einem von Mr. Bean inspirierten, unmotivierten Gesichtsausdruck ein nuscheliges »Hallo?« in mein Handy. Das Gespräch dauert nicht lange: Es ist ein Telekom-Mitarbeiter, der mir als Erweiterung zu meinem kürzlich erworbenen Handyvertrag einen Festnetzanschluss verkaufen möchte. Ich erspare ihm die genauen Umstände meiner Absage und lege am Ende der Brücke dankend wieder auf. Den einzigen Festnetzvertrag, den ich brauche, habe ich schließlich schon in meiner Tasche.

Gleichermaßen zufrieden wie aufgeregt schaue ich mich zwischen den blauen Sitzen und bunten Koffern um: Das ist jetzt also mein rollender Lebensmittelpunkt. Ich krame mein Notizbuch aus meinem Rucksack und schreibe feierlich zum ersten Mal die Nummer meines Zuges in das Feld, in dem bisher immer die klassische Ortsangabe in Form eines Städtenamens stand. Das Land da draußen, das sonst in Da-würd-ich-gern-mal-wieder-hin-Städte und Für-ein-Wochenende-lohnt-sich-das-nicht-Ausflüge eingeteilt war, erscheint auf einmal gar nicht mehr so weit weg. Bin ich jetzt eine Nomadin? Irgendwie schon. Irgendwie auch nicht. War ich vorher sesshaft? Irgendwie schon. Irgendwie auch nicht. Bisher habe ich immer irgendwo gewohnt, weil man das halt so macht, und habe dementsprechend jede Reise, jeden Ausflug als eine Ausnahme verstanden, eine Ausnahme vom Alltag. Ein komischer Umstand: Spätestens seit Alex von Humboldt sämtliche sich gutversteckende Insektenarten Lateinamerikas aufgespürt hat, scheint das Unterwegs für uns nur noch Luxus oder notwendiges Übel zu sein, je nachdem ob wir in den Urlaub oder zur Arbeit fahren – eine Auszeit vom Alltag oder die volle Portion von ihm. Wir waren noch nie so viel unterwegs, sind noch nie so viel gependelt, umgezogen und in den Urlaub gefahren wie heutzutage, und gleichzeitig wohnt unserer restlichen Sesshaftigkeit die so tragische wie scheinbar unumgehbare Tatsache inne, dass wir aufhören, etwas akut interessant zu finden, sobald es vor unserer eigenen Haustür liegt. Keine Haustür mehr zu haben beziehungsweise eine, die ständig die Landschaft vor ihren Treppenstufen wechselt, dürfte ein guter Anfang sein, um das zu ändern.

Zwei philosophierend-verträumt aus dem Fenster geschaute und zwei Unitexte vorbereitende Stunden später verlässt mein mobiler Wohnsitz den letzten der übertrieben zahlreichen Tunnel zwischen Mannheim und Stuttgart und kreuzt die Brücke kurz dahinter. Ein vertrauter Wind weht durch die geschlossenen Zugtüren, und kurz streift mich das Stuttgart meiner Kindheit: Die ersten zwölf Jahre meines Lebens ging es von der Autobahn mit der markanten Lärmschutzmauer runter und um diese eine besondere Kurve, die abrupt in einer Ampel endet, dann entlang der großen Straße mit den Autohäusern und der größten Autowaschanlage der Welt in Richtung rundem Betonturm, an dem ein riesiger, blinkender Werbebildschirm den Weg markiert, über die Brücke über den Bahngleisen weiter in Richtung Innenstadt, zur Wohnung meiner Oma. Nach dem Abi in Bielefeld wollte ich unbedingt nach Stuttgart, in die Stadt meiner Großmutter väterlicherseits, in das Land, dessen Abkürzung meine zweitliebste Bundeslandabkürzung direkt nach

MeckPomm ist. Den eigentlich komischen Namen der Stuttgarter U-Bahn-Haltestellen – Feuerbach, Botnang, Stöckach – wohnt eine Vertrautheit inne, wie sie nur Begriffe besitzen, die einem seit frühester Kindheit eingeredet haben, sie seien total normal. Zwischen den Häusern und Bäumen in Halbhöhenlage blitzt der metallische Aussichtsturm des Killesbergs hervor, eine weitläufige Parkanlage auf einem der Hügel, denen Stuttgart seine Kessellage verdankt. Ich sehe mich als Siebenjährige die steilen Kurven mit Inlinern runtersausen, mit achtzehn in den Osterferien zwischen steinernen Teichen und bunten Blumenbeeten fürs Abi lernen und während meines freiwilligen sozialen Jahres spätnachts an meinem 20. Geburtstag in angeheiterter Runde auf das historische Kinderkarussell klettern, um eine Runde auf der Giraffe zu drehen. Das typisch süddeutsche *gell* wird ohne Frage weiterhin in meinen sonst akzentfrei hochdeutschen Wortschatz eingepflegt sein, aber ob das Gefühl des Irgendwie-Angekommen-Seins in den nächsten Monaten bleiben wird, wenn Stuttgart von der Endstation meiner Reisen zum Zwischenhalt wird? Ich habe mich hier immer sehr wohl gefühlt, auch wenn es, das muss ich zugeben, in Baden-Württemberg praktisch unmöglich ist, sich wirklich zu integrieren: Wer hier hinzugezogen ist, und sei es nur von knapp hinter der Grenze des Bundeslandes, bleibt für die Einheimischen auf immer und ewig ein *Reigeschmeckter*, wie ein Kraut, das zwar vielleicht gut ins Rezept passt, aber eben nur in die moderne Version, nicht in die aus Uromas zerfleddertem Kochbuch, und Uromas zerfleddertes Kochbuch genießt hier einen sehr hohen Stellenwert. Irgendwie passt es ganz gut, dass Baden-Württemberg neben Sachsen das einzige Bundesland ist, das das *unveräußerliche Menschenrecht auf die Heimat* in seiner Verfassung festgehalten hat. Ein Artikel, der ursprünglich vor Vertreibung und Ausgrenzung schützen sollte, sich heutzutage aber bestimmt auch gut zur juristischen Argumentation für das gewünschte Recht auf Käsespätzle und Maultaschen jenseits der Landesgrenzen gebrauchen lässt. Ein wesentlicher Grund für die anhaltenden Spannungen zwischen Schwaben und Berlinern auf dem Prenzlberg?

Am Stuttgarter Hauptbahnhof, der unsinnigsten Großbaustelle seit es unsinnige Großbaustellen gibt, verlasse ich die mir jetzt schon liebgewonnene Bequemlichkeit des ICEs und begebe mich in einer Traube von Pendlern und einer kleinen Gruppe Asiaten auf den altbekannten Bahnsteig zum Regionalzug Richtung Tübingen. Zwei Semester lang habe ich mich gewundert, warum im Bummelzug Richtung schwäbische Provinz jeden, wirklich jeden Tag asiatische Touristen mit Fotoapparat und Einkaufstüten sitzen, denn in Schwaben gibt es zwar ein paar Burgen, aber keine nennenswerten Schlösser, zumindest keine von dem Ausmaße Neuschwansteins. Dann hat mir Kathi von dem Shoppingoutlet in Metzingen erzählt, einer der Zwischenhalte auf dem einstündigen Weg nach

Tübingen. Im Ausland Dinge zu kaufen, die man unterwegs nicht braucht, das habe ich auch manchmal gemacht, wird mir klar. Obwohl ich das Schneckenhausgefühl und die freie Spontanität des Unterwegsseins so verehre, habe ich hier und da Dinge »für Zuhause« gekauft, weil ich so was gedacht haben muss wie, »wenn ich dann irgendwo wohne und studiere, erleichtert mir das meinen perfekt durchgeplanten Alltag«. Oder so ähnlich. Irgendjemand oder irgendetwas muss mir eingetrichtert haben, das Reisen wenn nicht nur, dann doch auch immer wesentlich als Vorbereitung aufs *richtige Leben* verstanden zu haben. War es lediglich das Wissen um die Tatsache, dass die Reise, das Unterwegssein ein Ende haben wird? Der (Irr-)Glaube, dass ja feststehe, was das *richtige Leben* sei?

Ich schlage erneut mein Notizbuch auf, blättere zur *Not-to-do*-Liste, die Erfindung eines sehr weisen Beuteltieres, und notiere:

Not-to-do-Liste:

- In Zwanziger-Waggons einsteigen
- In Metzingen aussteigen
- Neuschwanstein besuchen
- Dinge kaufen, die ich gerade nicht brauche

KAPITEL 4

Vielleicht ist Heimat was für Leute, die immer an einem Ort sind

Beinebaumelnd sitzen Kathi und ich im Hauptmotiv sämtlicher Tübinger Postkarten auf der Neckarmauer: Unter uns Stocherkähne auf ruhigem Gewässer, gegenüber die grün aufblühenden Platanen der Allee auf der Neckarinsel, hinter uns die historische Tübinger Skyline mit Fachwerkhäusern und dem gelbem Hölderlinturm, in dem Friedrich Hölderlin die zweite Hälfte seines Lebens verbrachte. Über die mit reichlich bunten Blumenkübeln behangene Neckarbrücke eilen Busse, Studenten, Fahrräder und Studenten auf Fahrrädern. Das Konzept der Universitätsstadt entfaltet in Tübingen sein volles Repertoire: Kaum ein Gebäude wird nicht von den weißen Institutsschildern mit roter Schrift verziert, ein Drittel der fast 90 000 Einwohner sind Studenten, ein Umstand, der dem beschaulichen schwäbischen Ort einen der niedrigsten Altersdurchschnitte der Bundesrepublik beschert. In ein paar Monaten, wenn die Semesterferien anstehen, wird Tübingen wieder dieser im Goldrausch verlassenen

Geisterstadt gleichen, die ich irgendwo im Wilden Westen mal erkundet habe, nur dass die Geister hier Menschen über vierzig sind, die das ganze Jahr, abgesehen von ein paar Dozenten, abwesend scheinen, in der vorlesungsfreien Zeit dann auf einmal ihre Unsichtbarkeitsumhänge abnehmen und bergauf, bergab durch die historische Altstadt spuken.

Zwanzig Jahre vor der Erfindung des ersten Fahrrads und fünfzig Jahre vor dem kalifornischen Goldrausch, man schrieb das Jahr 1797, verbrachte Goethe einige Tage in diesen mittelalterlichen Gassen bei seinem Verleger Johann Friedrich von Cotta, der auch Werke von Hölderlin, Uhland, Schiller, Hegel und Alex von Humboldt herausgab. Weil Goethe zwar die hübschen Fenster der Stiftskirche lobte, aber an seine spätere Ehefrau schrieb, »Die Stadt selbst ist abscheulich«, wurde in neueren Zeiten am Nachbarhaus seiner Unterkunft ein Schild mit der Aufschrift »Hier kotzte Goethe« befestigt. In diesem Paradies aus Studentenkneipen, Bücherläden und jeder Menge skurriler schwäbischer Geschichte vergisst man leicht mal, dass nächsten Montag die langersehnte Statistikklausur ansteht und dass Hölderlin auch nicht vierzig Jahre lang fröhlich seufzend aus seinem Turmfenster lächelte, sondern hier seine schwerste Lebens- und Schaffenskrise durchmachte.

Als ich mich nach dem Abi in Richtung Stuttgart aufgemacht habe, immerhin sechstgrößte Stadt Deutschlands und doppelt so groß wie Bielefeld, hätte ich nie gedacht, dass es mich zwei Jahre später zum Studieren noch weiter südlich in Richtung Schwäbische Alb verschlagen würde. Schuld ist eigentlich nur Kathi: Wäre sie nicht hier, hätte ich mich hier nie beworben und wäre fürs Bachelorstudium wohl ganz unkreativ in irgendeiner anderen Großstadt gelandet. Ich hatte auch nie geplant, in WGs zu leben, und tue es mit ihr nun schon seit drei Semestern, habe das WG-Leben inklusive Mottopartys und Aufräumen und dem Besten daran, dem Frühstück danach, lieben gelernt. Neulich ist sie in eine andere WG gezogen und mit ihr meine kleine Tasche mit den Ersatzklamotten und dem Schlafanzug. Wir haben uns im Laufe der Oberstufe angefreundet, und eine der lebhaftesten Erinnerungen an meine gesamte Schulzeit ist der Morgen, an dem sie gutgelaunt mit der ehrlichen Begründung, beim Gitarre spielen die Zeit vergessen zu haben, zu spät in den Unterricht kam.
Kathi wohnt hier, studiert hier, arbeitet hier, ein kompakter Alltag, nach dem ich immer eine gewisse Sehnsucht hatte und von dem ich doch vermute, dass er mich nicht erfüllen würde, sobald ich ihn hätte. In einem Artikel namens *Dinge, die du nur kennst, wenn du an der Uni Tübingen studierst* heißt es sehr schön: »Wenn du die ganze Idylle einfach nicht mehr sehen kannst, fährst du nach Stuttgart.«

Zwischen der schwäbischen Frühlingsidylle und dem Nachmittagsseminar haben wir uns für ein schnelles Mittagessen verabredet.

»Würdest du jetzt eigentlich sagen, dass Tübingen dein Zuhause ist und Bielefeld deine Heimat?«, frage ich sie und beiße in meinen Lieblingsburrito vom Mexikaner um die Ecke.
»Nee, gar nicht. Also, Tübingen ist auf jeden Fall mein Zuhause, aber ich glaub' Bielefeld ist nur meine Heimatstadt, nicht meine Heimat. Und irgendwie auch kein Zuhause mehr. Ich fühl mich eher wie zu Besuch, wenn ich da bin. Du doch auch, oder?«
»Ja, schon. Was würdest du'n sagen, was deine Heimat ist?«
»Ich weiß nicht, Deutschland? Ich find, Heimat hat irgendwie was mit Nostalgie zu tun«, sagt sie. »Vielleicht ist Heimat was für Leute, die immer an einem Ort sind.«

Sie sagt das in ihrem typischen *Das ist ja nicht schlimm, aber das ist halt so*-Tonfall und trinkt einen Schluck aus unserer Colaflasche. Ihr Ururgroßvater ging als Pastor nach Brasilien, ihr Großvater kam wieder nach Deutschland, heiratete und ging wieder nach Brasilien, wo dann ihre Mutter geboren wurde, die als Kind wieder nach Deutschland kam. Als sie mit sechzehn für einen Schüleraustausch nach Brasilien wollte, hat Kathi herausgefunden, dass sie als Kind einer brasilianischen Mutter automatisch die brasilianische Staatsbürgerschaft besitzt, auch wenn sie selbst in Deutschland geboren wurde, und dass sie diese nicht mehr loswird, selbst wenn sie wollen würde. Ein Sonderabkommen mit Brasilien verhindert, dass Deutschland sie zwingen könnte, sich zwischen beiden Staatsbürgerschaften zu entscheiden. Stattdessen verpflichtet Brasilien sie, sich an der Präsidentenwahl zu beteiligen und sich irgendwie Gedanken darüber zu machen, was sie nun anfängt mit dieser Verbindung auf Lebenszeit zu einem Land auf einem anderen Kontinent, mit einer Sprache, die sie erst seit wenigen Jahren lernt.

»Apropos Zuhause, ich hab da mal was vorbereitet«, sagt Kathi und kramt in ihrer Tasche. Sie grinst und überreicht mir eine kleine bunte Plastiktüte: ein liebevoll zusammengestelltes Survival Kit mit Minipackungen von Creme, Zahnpasta, Waschmittel, Lippenpflegestift, Keksen sowie einer To-go-Packung Abflussreiniger. »Für unterwegs, und falls du bei der Bahn mal ein bisschen aufräumen musst.« Lachend falle ich ihr um den Hals. »Und vergiss nie: Du bist hier immer willkommen.«

Nach dem Seminar und einem typisch wunderbar-chaotischen WG-Einkauf sitzen wir abends zwischen Stereoanlage, Grill und bunten Girlanden auf Bierbänken in einem Hinterhof.
»Wohnst du auch hier?«, fragt mein Gegenüber und deutet auf die Mädels aus der WG.

»Nun ja …«, sage ich und erzähle von der BahnCard.
»Ah, also hast du jetzt kein Zuhause mehr«, stellt er nickend fest.
»Na ja … halt irgendwie kein eigenes.«

KAPITEL 5

A german concept

»Conchita Wurst ist nicht klausurrelevant«, holt mich die Stimme meiner Dozentin zurück aus meinen Gedanken an die gestrigen Gespräche in den hölzernen Tübinger Vorlesungssaal. Ein kurzer Lacher geht durch die Reihen, dann wird es wieder ruhig.

»Was ist eigentlich *Zuhause*? Was ist *Heimat*?«, fragt mich mein Gehirn.

»Hm ...«, denke ich. Was war Zuhause bisher für mich? Das Haus meiner Familie in Bielefeld, dann kam das Haus von meiner Mutter und mir in einem anderen Stadtteil hinzu, in das wir gezogen sind, als ich neun war, nach dem Abi dann meine kleine Wohnung in Stuttgart, aber dort genauso von Anfang an die Wohnung meiner Stuttgarter Oma, bei der wir drei-, viermal im Jahr zu Besuch waren, und ...

»Ja, aber was bedeutet das? Frag doch mal den Duden, der weiß das bestimmt«, drängt mein Gehirn und zwingt mich, in wissenschaftlich geimpfter Manier den Browser meines Handys zu öffnen. Auf Wikipedia stolpere ich in die englische Version des Heimat-Artikels. »*Heimat* is a german concept«, steht dort. In praktisch keiner anderen Sprache gäbe es einen einzelnen Begriff mit dieser Bedeutung, für diese Idee, was auch immer genau sich hinter ihr verbergen mag. Die Website des Duden bietet mir an, nach *Zuhause* im Wörterbuch oder im Onlineshop zu suchen. Kurz irritiert von diesem außergewöhnlichen Angebot, tippe ich das Wörterbuch an und überfliege den Eintrag:

> **Zu|hause**, *das*: Wohnung, in der jemand zu Hause ist [und sich wohl fühlt]

Ah ja. Noch ein Versuch:

> **Hei|mat**, *die*: Land, Landesteil oder Ort, in dem man [geboren und] aufgewachsen ist oder sich durch ständigen Aufenthalt zu Hause fühlt (oft als gefühlsbetonter Ausdruck enger Verbundenheit gegenüber einer bestimmten Gegend)

»Hm«, denkt sich mein Gehirn.
»Hm«, denke ich mir.

Das hatten wir uns irgendwie komplexer vorgestellt. Was ist mit alter und neuer Heimat? Gibt es Heimat im Plural?

Kann Heimat immer nur ein physischer Ort sein? Was ist mit den Orten, die uns total vertraut sind, obwohl wir zum ersten Mal dort sind, und sind Heimat und Zuhause das Gleiche? Gut, dass der Herr Duden bisher nicht auf die Idee kam, psychologische Ratgeber zu schreiben. Auch die anschließende Googlesuche verschafft mir nicht den erhofften Aha-Moment: *Heimat* führt zu sehr vielen Kochbüchern und sehr viel Fußballkram, beides Dinge, die mir mit über Sicherheit hinausgehender Wahrscheinlichkeit nicht durch den sonst auf mich personalisierten Suchalgorithmus angezeigt werden – Kathi wird Ihnen bestätigen können, dass ein Großteil der 1,7 Millionen täglich in Deutschland produzierten Dr.-Oetker-Tiefkühlpizzen für mich persönlich hergestellt wird.

Während ich weiterhin im Precht'schen Sinne der Frage nachhänge, was Heimat sein könnte, und wenn ja, wie viele, zeigt sich eine bereits zuversichtlich: die Werbeindustrie. Sie kann mir auch keine Definition von Heimat geben, aber ein Gefühl: *Zuhause* fühlt sich gut an. Und vor allem: *Zuhause* kann ich kaufen. Direkt hier im Laden. Jetzt, wo all der öffentliche Raum für mich vom Durchgangszimmer zum wohnzimmerähnlichen Da-wo-ich-bin-bin-ich-halt-gerade-Gebilde wird, prangen auf einmal überall diese Wörter wie Insignien des Vertrauens: *Heimat. Zuhause. Home.*

Nachmittags stehe ich am Stuttgarter Hauptbahnhof vor der Filiale einer Coffee-Store-Kette. *Feel at home* klebt dort in großen Lettern an der Scheibe. Auf einem Werbeplakat im U-Bahn-Tunnel kündigt eine Brauerei ihre Zusammenarbeit mit dem Naturschutzbund mit der mathematisch anmutenden Gleichung *1 Kasten = 1 Stück Heimat* an. In einem Kölner Supermarkt, natürlich die riesige Filiale einer großen Kette, kein Tante-Emma-Laden, kann ich *Einkaufen, wo man zu Hause ist,* und das Plakat eines Fernsehsenders begrüßt seine Zuschauer mit der Einladung *Willkommen zu Hause.* Bei einer Glücksspielfirma hat das *Glück ein Zuhause,* beim Kreuzfahrtenanbieter ist das *Lächeln zu Hause* – interessanterweise das genaue Gegenteil von dem, was Kreuzfahrten in ihrem historischen Ursprung mal verbreitet haben –, Bausparkassen geben meiner *Zukunft* und meinem *Leben ein Zuhause,* und eine Baumarktkette verspricht mir: *Lieben Sie Ihr Zuhause, dann liebt es Sie auch.* Am Ende meiner Gehirnsynapsenkapazitäten bin ich angelangt, als ein Einrichtungshaus meiner *Heimat ein Zuhause geben* möchte.

Was auch immer *Heimat* und *Zuhause* sind, sie scheinen das neue Premium zu sein oder viel mehr das gute alte Premium, diese besondere Zutat, die Vertrautheit, die Erinnerungen, die bewährte Qualität. *Da weiß man, was man hat,* hat Persil in den Siebzigern gesagt, und genau so funktionieren ja auch all die Produkte und Filialen der großen Ketten in den Bahnhöfen und Innenstädten dieses

Landes, die homogenisierter sind als jede Flasche Milch: Egal wo ich nun bin, es ist alles gleich, die gleichen Produkte im Regal, die gleiche Beleuchtung, die gleiche Deko, und oben drüber auf dem Schild steht in der gleichen Schriftart der Name einer anderen Stadt.

Muss ich in diesem neuen Lebensabschnitt nun Kaffee schlürfen, um mich zu Hause zu fühlen, und Bier trinken, um meine Heimat zu retten? Vor was und wem eigentlich? Bin ich zu Hause zwischen schlecht geskripteten Realitydokus, einem Überschuss an Shampoomarken und einem Fortbewegungsmittel in der Größe einer Kleinstadt? Dann sieht es für alle Seiten schlecht aus, denn ich mag weder Kaffee noch Bier, würde selbst in einer nichtbeweglichen Wohnung keinen Fernseher besitzen, und keine zehn von irgendeiner Bausparkasse gesponserten Pferde werden mich jemals lächelnd auf ein Kreuzfahrtschiff kriegen. Kaffeefilialen, Urlaubsschiffe und Bierkästen werden für mich also kein Wohnungsersatz sein, aber vielleicht steckt in all dem Kommerz ja doch ein bisschen Wahrheit drin, und ich kann mir überall ein Stück Zuhause mitnehmen?

KAPITEL 6

Vier Zipfel to see before you die

»Zuhause ist da, wo sich dein Smartphone automatisch mit dem WLAN verbindet«, schießt es mir auf Facebook entgegen, als ich mich in meinem blauen Sitz mit dem pinken WLAN verbunden habe. Eigentlich wollte ich nur nachgucken, welche deutschen Sehenswürdigkeiten in der gleichermaßen beliebten wie aufgrund ihres To-do-Listen-Charakters umstrittenen Bibel der Reisenden, den *1000 places to see before you die*, aufgeführt sind – es sind unter anderem Berlin, Regensburg, Weimar und Neuschwanstein –, als ich in einem Zeitungsartikel auf das deutsche Äquivalent der *1000 places* stoße: den Zipfelpass.

Ja, Sie haben richtig gelesen. Vielleicht hatten Sie, so wie das Korrekturprogramm meines Laptops gerade, die Hoffnung, ich würde einen *Gipfelpass* meinen. Tue ich aber nicht. Denn was klingt wie der offizielle Personalausweis der Vereinigung deutscher Gartenzwerge, ist eine gewiefte, gar nicht mal so dumme touristische Marketingidee: der Zusammenschluss der Zipfel der Republik, also

der nördlichsten, östlichsten, südlichsten und westlichsten Gemeinden Deutschlands, List auf Sylt, Görlitz an der Grenze zu Polen, Oberstdorf an der Grenze zu Österreich und Selfkant an der Grenze zu den Niederlanden. Diese vier Orte haben sich 1999 zum Zipfelbund zusammengeschlossen, treffen sich jährlich zum Zipfelgipfel und stellen folgerichtig den Zipfelpass aus: Wer innerhalb von vier Jahren alle vier Gemeinden besucht, jeweils mindestens eine Nacht dort einkehrt und sich seine Anwesenheit mit einem Stempel in den Zipfelpass bestätigen lässt, bekommt ein Geschenk mit ortstypischen Dingen der vier Gemeinden. Wer macht denn so was, denken Sie nun, doch Achtung: Unter den bisher rund 500 Besitzern des vollständig abgestempelten Zipfelpasses befinden sich nicht nur birkenstocktragende einheimische Touristen, sondern auch Persönlichkeiten wie Joschka Fischer, Claus Kleber, Otto, Hansi Hinterseer, Edmund Stoiber und Roberto Blanco. (Ob von denen auch jemand Birkenstocks anhatte, möchte ich hier nicht mit letzter Sicherheit ausschließen.)
Sofort bin ich Feuer und Flamme – was für eine schöne Idee: Weniger das Ziel, als der Weg dorthin reizt mich. Jede Reise braucht schließlich einen Leitfaden, eine Mission, sei es eine innere oder eine äußere, eine theoretische oder eine praktische, sei es, um sich daran entlangzuhangeln oder unterwegs den Pfad zu verlassen, und für die praktische Mission meiner Reise, dieses Land neu kennenzulernen, ist der Zipfelpass genau das Richtige. Schon

sein Name strahlt im Gegensatz zur Verpass-das-bloß-nicht-Aura der *1000 places* eine gewisse Ruhe aus, nach dem Motto *vier Ecken, in denen man mal gewesen sein kann, wenn man es in vier Jahren mal mehr oder weniger zufällig einrichten kann, dort vorbeizugucken.* Nach Sylt wollte ich sowieso längst mal, das wunderschöne Görlitz möchte ich gerne wieder besuchen, Bayern geht immer und Selfkant ist bestimmt mal was anderes. Mein Plan steht also.

Jetzt aber sitze ich erst mal im Zug Richtung Berlin, auf dem Weg zu einer Konferenz von digitalen Nomaden, Menschen, die sich für das durch die technischen Erfindungen unserer Zeit möglich gemachte ortsunabhängige Arbeiten interessieren oder bereits so leben. Das Ticket hatte ich mir schon vor Monaten gekauft, die Thematik schien mir für meine Zeit nach dem Studium interessant, und jetzt ist sie für mich selbst aktueller geworden, als ich damals hätte ahnen können. Auch wie leicht die Anfahrt sein würde, wusste ich damals noch nicht: Mit jeder neuen Fahrt wird es etwas realer, dass ich einfach in wirklich jeden Zug in diesem Land einsteigen kann. Die verbliebenen Faktoren dafür, ob es sich für mich lohnt, irgendwo hinzufahren, sind Zeit, Nerven und ob ich rechtzeitig wieder in der Uni bin.

Inmitten Hunderter anderer Teilnehmer verbringe ich ein interessantes Wochenende voller Vorträge, Workshops und Gespräche über Digitalisierung und Unternehmertum, Homeoffice und ortsunabhängiges Arbeiten, multilokales Leben und Minimalismus, übers Arbeiten im und mit dem Internet, Pros und Contras von Selbständigkeit und Festanstellung. Viele Menschen, die mit einem oder mehreren Aspekten ihres Lebens unzufrieden sind, viele interessante Impulse, auch viele, die ich kritisch sehe, ein bisschen zu viel Hype, und trotzdem bin ich angefixt: Die Umstände menschlichen Lebens, Arbeitens und Wohnens auf diesem Planeten haben sich immer schon verändert, aber noch nie so schnell, so intensiv und so konsequent wie heute, und der Lebensabschnitt, in den ich so spontan und gutgelaunt reingesprungen bin, erscheint mir nun weniger zufällig und überraschend als zuvor. Es ändert sich etwas, in meinem und in unser aller Leben. Und es geht nicht darum, alles über den Haufen zu werfen, aber es geht darum zu hinterfragen.

KAPITEL 7

Hier stehe ich:
Die Erfindung der Sesshaftigkeit

Haben Sie sich schon mal wirklich gefragt, warum wir sesshaft geworden sind? Ich auch nicht. Ist ja eigentlich auch klar: irgendwas mit Klimawandel und Getreide und so.
Nun aber scheint es mir auf einmal von größter Dringlichkeit, mir sicherheitshalber noch mal das Kleingedruckte unseres gesamtgesellschaftlichen Mietvertrages zu Gemüte zu führen. Bereits nachdenklich gemacht von den Eindrücken der Konferenz stand ich zum wartenden Zeitvertreib in der Mindener Bahnhofsbuchhandlung und erblickte direkt neben der größten Zusammenkunft blonder Frauen in Deutschland, getarnt als Front glänzender Fernsehzeitschriften, ein mir bisher unbekanntes literarisches Phänomen: Wohnmagazine. Sie trugen Titel wie *Zuhause wohnen, Schöner Wohnen* und *Living at home - Die schönsten Momente für mein zu Hause*. Die *Zuhause wohnen*, Untertitel *Mein Zuhause, mein Glück,* lockte mit dem zwanzigseitigen Sonderthema »Wohnen mit Holz«, dem Extraheft »Gesund schlafen« und den Spezialthemen »Wie Sie Bilder richtig hängen« und »Wir lieben Christ-

rosen«. Die *Schöner Wohnen – Europas größtes Wohnmagazin* verriet zwar nicht, was genau an ihr am größten sei – die Quadratmeterzahl der Seiten? Die Deckenhöhe im Redaktionsbüro? –, befand aber die Schlagzeile »Supersesshaft – Lieblingsplätze zum Lesen und Entspannen« für eine gute Idee, und da schien es mir, inzwischen haben wir es ein bisschen übertrieben mit dem Wohnen. So kam es, dass ich lieber noch mal nachgucken wollte, wann, wie und warum genau unsere Vorfahren sesshaft und unser Leben zu einer Mischung aus Monopoly und den Siedlern von Catan geworden ist. Vielleicht ging die bedingungslose Romantik des Wohnens bisher auch an mir vorbei, weil ich meine Bilder manchmal schief aufgehangen habe und noch nie romantische Gefühle für eine Christrose hatte?

Nun baumeln meine Beine inmitten von supersesshaften Bücherregalen und Schreibtischen über dem grauen Teppichboden der Deutschen Nationalbibliothek in Frankfurt am Main. Knapp vier Euro im Monat, zweiundvierzig Euro im Jahr kostet es, Zugang zu fast allen seit 1913 in Deutschland veröffentlichten Werken zu bekommen, ein wahr gewordener Recherchetraum für jede hausarbeitsschreibende Studentin ohne festen Wohnsitz, ein Bällebad in Buchform.

Während ich gestern recherchiert habe, welche Bücher ich mir zwecks Recherche anschauen möchte, bin ich auf den Zeitungsartikel eines Forschers gestoßen, der die Erfindung und Lagerung von Bier für ausschlaggebend für das Ende des Jäger- und Sammler-Nomadentums ansieht.

Das hat mich ziemlich verwirrt: Ich wäre nie auf die Idee gekommen, dass der *1 Kasten = 1 Stück-Heimat*-Gleichung doch eine tiefere Bedeutung innewohnen könnte. Das wäre auf jeden Fall eine sehr deutsche Form der Sesshaftwerdung, aber ob heute wirklich ein Großteil der Erdbevölkerung irgendwo wohnt, weil unsere Vorfahren an einem sonnigen Nachmittag im Biergarten spontan sitzen geblieben sind? Und ob die ersten aus Polynesien rübergeruderten hawaiianischen Siedler sich überhaupt auf den Weg gemacht hätten, hätten sie schon von dem Gerücht gewusst, es gäbe kein Bier auf Hawaii? Bisher hatte sich mein Gehirn das Ding mit der Sesshaftigkeit so vorgestellt, dass Getreide primär für die Herstellung von Brot zuständig gewesen wäre oder, ehrlich gesagt, alternativ auch einfach so, dass Adam und Eva 1958 an der ersten IKEA-Filiale vorbeikamen und Eva zu Adam sagte, »Schau mal, Schatz, hier gibt's Kötbullar, und wir können unser Justin-Bieber-Poster aus der *Bravo* aufhängen«, und dann hat sie noch jemand von der Telekom angerufen und ihnen einen Festnetzvertrag angeboten. Und so lebten sie glücklich und sesshaft bis an das Ende ihres Lebens. Oder das ihres Mietvertrages.

Bereits der Untertitel des Buches von Josef Reichholf, dem Vertreter der Bier-Theorie, macht meinem kurzen Recherchevorhaben einen langen Strich durch die Rechnung: »Warum die Menschen sesshaft wurden – Das größte Rätsel unserer Geschichte«. Ein Da-Vinci-Code der Sesshaftigkeit? Das hätte ich nicht erwartet. Doch auch sämtliche anderen Quellen begrenzen meinen naiven Optimismus wie ein hoher, zackiger Gartenzaun. Denn nur über ein paar bestimmte Geschehnisse scheinen sich die Forscher dieser Welt so halbwegs einig zu sein:

Nach über 200 000 Jahren nomadischem Jäger- und Sammler-Dasein haben wir am Ende der letzten Eiszeit vor ungefähr 12 000 Jahren langsam aber sicher begonnen, es uns in unserer aktuellen Warmzeit, dem Holozän, kuschelig einzurichten. Überreste der vermutlich ersten Siedlungen wurden im Nahen Osten gefunden, im sogenannten Fruchtbaren Halbmond, einer Region im heutigen Ägypten, Israel, Syrien und Iran, deren Form, ein breites, umgedrehtes U, vielleicht nicht nur zufälligerweise aussieht wie ein spitzes Hausdach. Über einen Zeitraum von 3000 Jahren haben unsere Vorfahren dann erstmalig mit der Domestizierung von Tieren herumexperimentiert, die, weil sich jemand nicht daran gehalten hat, seinen Arzt oder Apotheker zu Risiken und Nebenwirkungen zu befragen, die Grundlage für viele heute noch existierende Krankheiten bildet. Die geschätzt 25 Milliarden Hühner in unserer Welt dürften nun die zahlenmäßig erfolgreichsten, wenn auch wahrscheinlich unglücklichsten Wesen auf diesem Planeten sein. Der Ackerbau und damit die aktive Herstellung von Nahrungsmitteln wurde über mehrere Jahrtausende verteilt und in einer Art vorzeitlicher Sicherungskopie gleich dreimal unabhängig voneinander erfunden, in China, Mittelamerika und im

Nahen Osten. Eine überaus komische Unternehmung: eine störrische, empfindliche Pflanze zu unserem Hauptnahrungsmittel machen zu wollen. Der Weizen habe uns domestiziert – verhäuslicht – , nicht umgekehrt, schreibt der israelische Wissenschaftler Yuval Noah Harari, denn er habe uns gezwungen, uns neben ihm niederzulassen, eine Hütte zu bauen und uns intensiv um ihn zu kümmern, und das für mehr Arbeit mit fragwürdigem Ergebnis. Klingt ein bisschen nach einer ungesunden Beziehung, außer einer von beiden wäre Millionär mit diversen erotischen Fetischen, dann wäre es auch eine ungesunde Beziehung, aber eben auch ein *Spiegel*-Bestseller. Es dauerte Generationen, bis der Ertrag, den der Anbau erbrachte, größer war als die Kraft, die es brauchte, ihn zu betreiben. Harari beschreibt die landwirtschaftliche Revolution folglich als den »größten Betrug der Geschichte« und verbindet mit ihm die verhängnisvolle »Entdeckung der Zukunft«: Jäger und Sammler lebten von der Hand in den Mund, kannten viele verschiedene Pflanzen und Tiere. Gab es von dem einen nicht so viel, aß man mehr von dem anderen. Mit dem zeit- und arbeitsaufwendigen Ackerbau, der uns immer weniger Zeit dafür ließ, für andere Arten der Nahrungsbeschaffung unterwegs zu sein, fingen wir an, uns von einer primären Form der Ernährung abhängig zu machen und, gleichzeitig damit, mehr Dinge zu besitzen, als wir tragen können, sie zu sammeln, zu schützen, zu verlieren, zu ordnen, umzustellen und staubzuwedeln.

Wir mussten schlechte Ernten voraussehen, für knappe Zeiten Vorräte anlegen und vertieften unsere Zeit und unsere Sorgen immer mehr darin, uns Gedanken über die Zukunft zu machen.

Was genau wir mit dem Weizen als Erstes gemacht haben, darüber streiten sich die Wissenschaftsgeister, und hier vermutet Josef Reichholf die Herstellung von Bier an prominenter Stelle. Jedenfalls dauerte es Jahrtausende, bis jemand das unheimlich komplexe Brot erfand, das wir heute kennen, und dann auch noch mal eine kleine Ewigkeit bis zum sprechenden Weißbrot im Kinderkanal. So richtig kreativ sind wir in Sachen Essen seitdem anscheinend auch nicht mehr geworden: Von 30 000 essbaren Pflanzen machen immer noch die gleichen elf einen Großteil unserer Ernährung aus – unter anderem Weizen, Gerste, Kartoffeln und Reis –, und die Tiere, die wir essen, sind immer noch die gleichen, mit denen wir damals angefangen haben.
Durch die Kohlenhydrate im erstmals gezüchteten Getreide und den Konsum von Milch und Käse, möglich gemacht durch eine Genmutation vor rund 6000 Jahren, zeugte unsere dann sesshafte Spezies zwar eher neun statt vier Nachkommen, die jedoch, meistens durch Krankheiten und manchmal durch Mangelernährung, oft früher verstarben als ihre Vorfahren und dadurch, so meine Vermutung, vielleicht nie genug Zeit hatten, mal wieder aufzustehen und weiterzugehen. Die letzten Jäger und

Sammler in Europa haben sich vor 4000 bis 5000 Jahren schlafen gelegt und sind erst bei der Eröffnung der ersten deutschen Primark-Filiale 2009 in Bremen wiederaufgewacht. Es ist also noch gar nicht so lange her, dass der Titel dieses Buches für lautes und eben eventuell auch dezent angetrunkenes Gelächter am Lagerfeuer gesorgt hätte.

Was passiert ist, das wissen wir also so halbwegs, nur warum wir das alles gemacht haben, das weiß irgendwie keiner. »Hier stehe ich, ich kann nicht anders!«, sagte Martin Luther angeblich, »Hier sitzen wir, warum ... wissen wir auch nicht so genau?«, wäre unsere Zeile im Theaterstück der Geschichte. Sesshaft zu werden brachte uns zwar mehr Mitglieder unserer Spezies, die sich damit gegenüber anderen menschlichen Spezies durchsetzen konnten, die zusammen ziemlich viel wissen und es gerechtfertigt fanden, sich selbst den Namen des *wissenden Menschen* – Homo sapiens – zu geben, aber eben auch so abhängig voneinander sind wie nie zuvor. Die wegen ihrer durchs Getreide entstandenen Karies regelmäßig beim Zahnarzt sitzen und sich danach vom freundlich dreinblickenden, da bereits vor 30000 Jahren entspannt die Biege gemacht habenden und nun nicht beim Zahnarzt sitzenden, Neandertaler auf dem ICE-Infobildschirm kurz vor Düsseldorf anschmunzeln lassen müssen. Ganz abgesehen von der Volkskrankheit der Rückenschmerzen und schlechteren Knochen vom vielen Sitzen, den Nachbarn von oben drüber und nicht zuletzt der Herausforderung, bei dem Versuch, ein schiefes Bild richtig aufzuhängen, nicht die gesamte mühsam angesammelte Wohngarnitur in farbenfrohen Schutt und Asche zu zerlegen.

Es war ein langer Weg hin zum Wunder der Wohnliteratur unserer Zeit, und erst mal war unsere Sesshaftigkeit anscheinend genau das Gegenteil von *Lesen und Entspannen*. Es ist also eine komische Sache mit der Grundlage unserer Gesellschaft. Vielleicht war es auch nur der ultimative Masterplan des Universums, uns sesshaft zu machen, damit wir Wissen sammeln und Dinge erfinden und dann noch viel schneller und öfter unterwegs sein können und müssen und wollen als vorher? Vielleicht gleicht die Erfindung der Sesshaftigkeit dem Halt an einer ungewöhnlich hübsch eingerichteten Autobahnraststätte, die eigentlich doch nur dafür da ist, sie nach einem kurzen, stärkenden Aufenthalt wieder zu verlassen. Schon durch die schiere Anzahl der Mitglieder unserer Spezies kann unsere Sesshaftigkeit am Anfang dieses Jahrtausends wohl zu nichts anderem führen als zu sehr, sehr viel Mobilität. Wir haben angefangen, Haushalt und Arbeitsstätte voneinander zu trennen, sind durch die Industrialisierung in immer weiter wachsende Städte gezogen, dann wieder aufs Land, um unsere Ruhe zu haben, haben die gesamte Raumstruktur unserer Zivilisation auf den Gebrauch des motorisierten Individualverkehrs umgemünzt, und jetzt sind unsere Wohngebiete so groß, dass dort alle mit ihren Autos durchfahren, um morgens zur Arbeit und nachmittags zum nächsten Supermarkt zu kommen. An jedem beliebigen Zeitpunkt sitzen 1 000 000 Mitglieder unserer sitzenden Spezies in Metallröhren im Himmel und ein Vielfaches davon in Zügen und in Autos und auf Kreuzfahrtschiffen. Und along the way resultierte all das auch noch darin, dass wir es nun für normal halten, bewusstes Unterwegssein und Alltag zu trennen wie Altpapier und Plastik und eben jene Freizeit vom Alltag dann in All-inclusive-Ferienclubs zu verbringen, die nach einem literarischen Protagonisten benannt sind, der entgegen der Warnung seines Vaters in See sticht, von Piraten versklavt wird, flieht und, als er selbst Sklaven aus Afrika holen will, auf einer Insel strandet und auf dieser dann achtundzwanzig Jahre lang wohnt, bis er gerettet wird. Wie heißt es immer so prägnant auf diesen T-Shirts, auf denen die Entwicklung des aufrecht gehenden Menschen wieder gekrümmt vor dem Computer endet? *Something, somewhere, went terribly wrong.*

Nachhaltig verwirrt, aber fest entschlossen, etwas für meine Knochen tun zu müssen, schnappe ich mir den Bücherstapel, verlasse meinen Holzstuhl im Erdgeschoss und klettere die Wendeltreppe im Lesesaal hoch: Dort oben gibt es bequemere, schwarze Sessel, die meinem seit Jahrtausenden sesshaften Rücken bestimmt wohltuende Abwechslung verschaffen. Am Ende des Aufstiegs finde ich mich einem der wenigen Regale mit frei zur Verfü-

gung stehenden Büchern gegenüber. Geschockt starre ich auf die Buchstaben vor meiner Nase: Direkt vor mir lächelt mich der Buchrücken eines Werks über historische deutsche Kinder- und Jugendfilme an. So überrascht wie irritiert wie hoffnungsvoll greife ich vorsichtig nach dem dünnen Buch. Sollte das Suchen wirklich ein Ende haben? Seit ich irgendwann in meiner frühen Kindheit diesen Film gesehen habe, in dem eine Gruppe von Kindern in den Ferien ausbüxt, mit einem kleinen Boot die Weser hochtuckert und unterwegs diverse Abenteuer erlebt, unter anderem das, immer wieder ihren Opa loszuwerden, der sie einfangen will, hat sich in meinem Kopf das Bild festgesetzt, selbst eines Tages mit einem Miniboot über kleine deutsche Flüsse zu schippern. Auf jeder einzelnen Eisenbahnbrücke dieses Landes, auf der mein Zug einen Fluss oder Bach kreuzt, sehe ich mich selbst mit einem kleinen Boot auf dem glitzernden Wasser unterwegs, mit Karte, wasserfestem Rucksack, Sonnenhut und Radio – und vorher muss ich dringend herausfinden, wie dieser Film hieß und wie genau die das angestellt haben.
Bereits die Kinder auf dem Cover des Buchs kommen mir bekannt vor, und nach einem kurzen Blick ins Register habe ich ihn tatsächlich gefunden: *Flussfahrt mit Huhn*, einer der wenigen deutschen Kinderfilme der achtziger Jahre, acht Jahre älter als ich. Ich drücke mir das Buch ans Herz und lasse mich in einen der schwarzen Sessel fallen. Kein Wunder, dass ich ihn bisher nicht wiedergefunden

hatte: Ich hatte das Huhn vergessen. Noch an Ort und Stelle kaufe ich mir auf meinem Laptop die digitale Version des Filmes, lasse seine ersten Minuten vor meinen Augen entlangziehen, und auf einmal ist alles wieder da: die Abenteuerlust meiner Kindheit, das Durchs-Gebüsche-Schleichen, Detektivgeschichten schreiben, Hexe Lilli lesen, das Auf-hohe-Bäume-Klettern, um meiner Familie erst danach davon zu erzählen, weil ich genau weiß, dass ich das nicht noch mal tun darf, wenn ich es einmal erzählt habe. Ich hatte es schon fast aufgegeben, und auf einmal hat sich das verblichene Bild in meinem Kopf wieder mit Farbe gefüllt. Ob mit oder ohne Huhn: Wenn mich irgendwann das Bahnfahren nervt, wird es Zeit für die Weser.

Ich schlage mein Notizbuch auf und halte fest:

To-do-Liste

- *Recherchieren, ob Hühner in der Deutschen Bahn mitfahren dürfen.*
- *ab jetzt unbedingt aufschreiben, warum wir tun, was wir tun. Irgendjemand nach uns könnte sein ganzes Leben so leben, ohne zu wissen, warum genau er das eigentlich so macht.*

KAPITEL 8

Pizza Margherita

Auch ich muss mich an die Gegebenheiten meines spontan begonnenen, neuen Lebensstils gewöhnen – und doch überrascht es mich, wie schnell das geschieht. Meinen Rucksack zu packen und zu entpacken, die Bahnverbindung aus der App im Handy zu speichern, zu überlegen, was ich wann wo brauche, wann wo meine Dinge sind, wann ich wo zu Besuch bin, habe ich auch in den Semestern vorher schon gemacht, nur der Maßstab wird größer und erscheint mir doch mit jedem Tag normaler. Nicht die Distanz scheint den Unterschied zu machen, sondern wie oft und wie selbstverständlich ich sie zurücklege. In den ersten Wochen meines semisesshaften Nomadentums bin ich über 8000 Kilometer unterwegs, so viel wie die Strecke Berlin-Schanghai. Ungefähr ein Fünftel meiner Wachzeit verbringe ich nun im Zug, einen Großteil davon auf dem Weg von oder zur Uni, denn den Stundenplan für dieses Semester hatte ich zusammengestellt, bevor dieser Lebensabschnitt angefangen hatte oder ich ihn erahnen konnte, und so lockt neben drei Tagen Uni die Woche diesen Sommer auch noch das ein oder andere

Wochenendseminar. Ob das nicht nervig sei, theoretisch überall hinzukönnen und dann doch oft das gleiche Ziel zu haben?, fragte mich neulich eine Dame im Zug. Ich musste kurz überlegen, aber wenn ich ehrlich bin: Dieses Semester erscheint mir viel abwechslungsreicher als die drei zuvor, und vor allem abenteuerlicher, als wenn ich es hauptsächlich in Stuttgart verbracht hätte: Das Wochenende hat durch meinen Stundenplan mehr als je zuvor seinen Freizeitstatus verloren, aber das viele Unterwegssein, das oft tägliche Springen zwischen Menschen, Orten und Kontexten lässt mir einzelne Tage, egal ob es Mittwoche oder Samstage sind, wie ganze Wochenenden vorkommen. Und das fühlt sich großartig an: Ich merke sehr deutlich, dass ich mehr im berühmt-berüchtigten Hier&Jetzt lebe, als ich es zuvor in meinem Alltag je getan habe. Was ist mir aus den Jahren als Schülerin in Bielefeld und dem einen freiwilligen sozialen Jahr in Stuttgart von meinem Alltag in Erinnerung geblieben? Das einzige Wochenende meines gesamten FSJs, an das ich mich genau, samt Datum, erinnere, war das einer himmelblauen Januarwoche. Ich habe keinen blassen Schimmer, was von Montag bis Samstag passiert ist, aber am Sonntag bin ich zum Bahnhof gefahren, habe mir einen Straßburg-Reiseführer gekauft und dann ein Ticket für einen Zug, der dort hinfährt, von Stuttgart aus eine relativ schnelle Angelegenheit, und als ich abends wieder in meiner Wohnung war, hatte ich einen wunderbar abenteuerlichen Tag zwischen historischen Gassen, Schlendern an der Ill, dem

Ausblick vom Straßburger Münster und dem Geschmack von französischen Süßigkeiten verbracht. Mit nichts in unserem Leben verbringen wir so viel Zeit wie mit dem Alltag. Wann lohnen sich die Abenteuer, wenn nicht hier? Wenn wir Montage nicht mögen, ist das unser Problem, nicht das des Montags. Dem Montag persönlich dürfte das ziemlich egal sein, denn wir sind diejenigen, die ihm seinen Namen gegeben haben und ihn mit Bedeutung füllen. Und diese Bedeutung der einzelnen Tage, sie verändert sich langsam aber sicher: Egal ob ich heute null oder zehn Stunden Uni habe, ich lasse mich komplett darauf ein, egal wo immer ich morgen bin und gestern war, heute bin ich hier – und möchte das Beste daraus machen. Diesen Bewusstseinszustand kannte ich vom Reisen im Ausland, und ich mag, dass und wie einfach er sich in so kurzer Zeit auf das Leben in meinem Heimatland übertragen lässt. Er verleiht jedem Tag, egal wie spektakulär oder unspektakulär er ist, einen gewissen Wert, denn das Bewusstsein ist da, das Bewusstsein dafür, dass dieser Tag und meine Zeit hier vergänglich sind, dafür, dass ich nicht ewig an diesem Ort bin. Wie Clueso so schön singt:

Wie man genießen kann,
wenn man weiß, dass man geht.
Man müsste ständig gehn, das müsste ständig gehn.
Ich mag den letzten Tag und alles, was er mir zeigt.
Man wird so furchtbar wachsam für jedes Detail.

Im Gegensatz zu meinen Reisen im Ausland, bei denen ich wirklich nicht wusste, ob und wann ich je wieder dort sein würde, ist das fast tägliche Verlassen meiner Aufenthaltsorte gewiss kein Aneinanderreihen von letzten Tagen. Trotzdem führt es mir vor Augen: Alles hat seine Zeit, und alles endet irgendwie und irgendwann. Mein Studium, meine Zeit in Tübingen, mit allen Menschen und Räumen und Routinen, die damit verbunden sind, werden im Laufe des nächsten Jahres zu Ende gehen. Deswegen genieße ich sie – um so mehr.

I choose freedom lautete das Motto der Konferenz, auf der ich neulich war, ein sehr großer Begriff, die Freiheit, aber viel greifbarer als sie erscheint mir das *choose*: die Wahl zu haben. Es gibt da diesen schönen Spruch, dessen Herkunft ich leider nicht kenne: »Die Deutschen möchten schon mal die Regeln brechen, sie wollen nur die Erlaubnis dazu.« Zu diesem neuen Lebensabschnitt habe ich mir selbst die Erlaubnis gegeben. Was könnte noch alles anders sein, als es jetzt noch ist?

Gerade zum Beispiel habe ich Hunger, aber keine Zeit, mir am Bahnhof in Tübingen oder gleich beim Umsteigen in Stuttgart etwas zu kaufen, und das könnte ich ändern. Während mein Zug auf dem Tübinger Gleis einfährt, krame ich meinen alten Lieblingsbringdienst in Stuttgart aus meinem elektronischen Telefonbuch hervor.

»Liefern Sie auch zum Hauptbahnhof?«
»Sie meinen am Hauptbahnhof?«
»Na ja, also im Hauptbahnhof. Gleis zwei?«

Eine Dreiviertelstunde später steht ein etwas verwirrter Mann mit einer Pizzaschachtel auf Gleis zwei. Ihr Inhalt ist nicht mehr ultrawarm, aber schmeckt trotzdem ziemlich gut. Eine Pizza Margherita, wie immer – aber doch anders. Denn für immer wird dies der Tag sein, an dem ich mir eine Pizza ans Gleis bestellte. Nimm das, Alltag!

KAPITEL 9

*Oben, unten, **links**, rechts*

Ohne mir dessen so richtig bewusst gewesen zu sein und im Trugschluss, das liege ja in NRW, und da bin ich ja dauernd, habe ich mir für den Beginn meiner Zipfelpass-Mission direkt den wahrscheinlich kompliziertesten Zipfel unseres Landes ausgesucht: Selfkant ist kein Ort, und Selfkant hat keinen Bahnhof.

Die Gemeinde Selfkant hingegen, erreichbar nach zwanzig Minuten Regionalbahnfahrt hinter Aachen und dann dreißig Minuten Busfahrt vom Bahnhof Geilenkirchen aus, besteht aus verschiedenen Ortschaften, deren Einwohnerzahl zwischen 55 und 2000 schwankt. Schon aus dem Busfenster heraus wird mir sehr schnell deutlich, warum der Zipfelbund den Selfkant als Region mit der »höchsten Mühlendichte Deutschlands« und als geprägt von »naturnaher Wohnkultur« beschreibt: Er besteht aus sehr viel Natur und sehr wenig Wohnen. Allerdings gibt es hier auch etwas, was ich überhaupt nicht vermutet hätte: cat content. Auf der Landkarte hat der Selfkant den Umriss einer liegenden Katze, zumindest der ersten

Hälfte, also der vorderen, und deswegen eine schwarz-weiße Katze, allerdings eine vollständige, zum örtlichen Maskottchen auserkoren.

Der Bus hat mich zum am Mund der Katze gelegenen Ortsteil Tüddern gebracht, der mit den 2000 Einwohnern. Hier liegt das Rathaus, in dem ich mir morgen meinen Zipfelpass abholen und ihm den ersten Stempel verpassen lassen werde, und das erste Gasthaus, das mir auf Google angezeigt wurde. Ein älteres Ehepaar betreibt die kleine, backsteinerne Pension an der ruhigen Straße, eine quietschende Treppe führt mich hoch ins bürgerlich-rustikal eingerichtete Zimmer. Obwohl hier überhaupt nichts auch nur ansatzweise spektakulär erscheint, gefällt mir dieses komische Abenteuer. Wann habe ich zum letzten Mal in Deutschland in einem Gasthaus übernachtet? In meiner Grundschulzeit sind meine Mutter und ich einen Teil des europäischen Fernwanderwegs gelaufen und den Elberadweg gefahren, aber danach fällt es mir schwer, mich an einen Urlaub in Deutschland zu erinnern.

Es ist Nachmittag, und sonst eigentlich nichts. In ländlichen Regionen fahren die Bahnen ja oft sonntags nicht, hier fährt die örtliche Selfkantbahn, eine historische Schmalspur-Dampfeisenbahn, nur sonntags und natürlich auch nur im Sommer. Es ist zwar Sommer, aber nicht Sonntag, also schließe ich mein Zimmer ab, laufe die Treppe herunter, ein bisschen herum, entlang der stillen

Hauptstraße, entlang eines Feldes, vorbei an einer Herde Schafe, einer von Efeu bewachsenen Bushaltestelle, auf deren Fahrplan deutlich mehr weiße als schwarze Fläche angesiedelt ist. Am Wegesrand steht ein Wegweiser:

Sittard (Niederlande)
2 Kilometer

Warum eigentlich nicht, denke ich mir, und mache mich auf den Weg entlang der Landstraße. Wer hat sich das eigentlich ausgedacht? Da steht einfach ein Schild, und dann ist man in einem anderen Land, und alles ist anders: Die noch süßeren holländischen Backsteinhäuser, die weißschwarz gestreiften Ampeln und die leere Plastikverpackung mit dem Hanf-Symbol auf dem Gehweg. Eine sympathische Stadt, dieses Sittard, 39 000 Einwohner, typisch niederländischer Charme. Am Marktplatz setze ich mich in ein Café und bestelle mir einen Kakao und einen Apfelpfannkuchen. Warum fühle ich mich hier so wohl, was macht dieses Land so besonders? Ein Teil meiner Familie hat mal mehrere Jahre in Den Haag gelebt, und obwohl ich nur ein paarmal dort zu Besuch war und kein Wort Niederländisch kann, hat dieses Land irgendetwas Familiäres für mich. Ein Wohlfühlen, eine Vertrautheit zu der Zeit hatte ich mich dort mal an der internationalen Schule für ein Auslandsjahr beworben, fällt mir wieder ein, als ich kurz darauf ich durch die Backsteingassen schlendere. Wie das wohl geworden wäre… Nach meinem Stadtspaziergang begebe ich mich auf den Rückweg nach Tüddern. Der westliche Zipfel unseres Landes ist schon mal echt okay, vor allem der Zipfel vom Zipfel.

Ich gehe an meiner Pension vorbei und laufe auf der Suche nach einem Tante-Emma-Laden über die verlassen erscheinenden Straßen. Finden tue ich nur das Gegenteil davon, ein Uncle-Sam-Monster, einen dieser amerikanisch anmutenden Flächen-Supermärkte, eine große flache Halle mit zubetoniertem Parkplatz, der so gar nicht in die Landschaft passt. Trotz der über ihm hängenden Ruhe eliminiert er sofort jegliches naturnahes Dorfgefühl. Ob das heutige Landleben noch irgendetwas mit dem aus den letzten Jahrhunderten zu tun hat?

Mit Brötchen, Frischkäse und Minikarotten mache ich es mir auf meinem Bett im Gasthaus gemütlich, schaue aus dem Fenster, lasse die Stille auf mich wirken und den spätesten Sonnenuntergang Deutschlands über mich hinwegziehen. Am nächsten Morgen packe ich meinen Rucksack, spaziere ich ins Rathaus und bitte um den Zipfelpass, ein dunkelblaues, mit goldener Schrift und buntem Logo versehenes, reisepassgroßes Heft. Ein wahrscheinlich komisch wirkendes »Was mache ich hier eigentlich?«-Grinsen kann ich mir nicht verkneifen: Ich habe es versäumt, mich zu Beginn meiner Mission mental darauf vorzubereiten, diesen Begriff jemals in der Gegenwart anderer Personen aussprechen zu müssen.

Ich bin froh, als ich wieder im Bus in Richtung urbaner Zivilisation sitze, doch schon als ich in Geilenkirchen in die Regionalbahn einsteige und meine Uniunterlagen hervorkrame, ist die Ruhe des letzten Tages vorbei, scheint der Selfkant wieder dorthin zu verschwinden, wo er vorher war, nämlich außerhalb meines Blickfeldes. Mit Orten scheint es mir ein bisschen so zu sein wie mit Schrödingers Katze: Kaum haben wir sie verlassen, existieren sie nur noch in unserer Erinnerung, und wirklich real werden sie erst, wenn wir ein zweites Mal dort sind. Und während man nicht da ist, weiß man nicht genau, ob es das wirklich gibt, dieses Nichtslos, diese Ruhe, diese Luft.

KAPITEL 10

Mit Hesse im Tchibo

Hermann Hesse hatte deutlich weniger Kram als ich. Zumindest in meinem Alter.

Bei der Suche nach dem Anfangszauber-Zitat bin ich auf die drei Semester lang verschlafene Erkenntnis gestoßen, dass Hesse vier Jahre lang in Tübingen gelebt hat, als er ein bisschen jünger war als ich gerade. Na gut, vorher bin ich auf die Erkenntnis gestoßen, dass das Zitat überhaupt von ihm stammt, denn alle schlauen deutschen Dinge haben ja grundsätzlich erst mal Goethe oder Schiller gesagt, bis man von Professor Google eines Besseren belehrt wird.

Das Zitat mit dem Anfangszauber, verriet mir meine Recherche, stammt aus Hesses letztem Roman, dem 1943 erschienenen *Glasperlenspiel*, in dem der Protagonist Josef Knecht vom Gedicht »Stufen« inspiriert seinem Leben die entscheidende Wendung gibt. Es begann recht harmlos:

Wie jede Blüte welkt und jede Jugend
Dem Alter weicht, blüht jede Lebensstufe,
Blüht jede Weisheit auch und jede Tugend
Zu ihrer Zeit und darf nicht ewig dauern.
Es muß das Herz bei jedem Lebensrufe
Bereit zum Abschied sein und Neubeginne,
Um sich in Tapferkeit und ohne Trauern
In andre, neue Bindungen zu geben.
Und jedem Anfang wohnt ein Zauber inne,
Der uns beschützt und der uns hilft, zu leben.

So weit, so wunderbar, dachte ich mir. Dann blieb ich hängen, denn dann stand da noch:

Wir sollen heiter Raum um Raum durchschreiten,
An keinem wie an einer Heimat hängen,
Der Weltgeist will nicht fesseln uns und engen,
Er will uns Stuf' um Stufe heben, weiten.
Kaum sind wir heimisch einem Lebenskreise
Und traulich eingewohnt, so droht Erschlaffen,
Nur wer bereit zu Aufbruch ist und Reise,
Mag lähmender Gewöhnung sich entraffen.

»Raum um Raum durchschreiten, an keinem wie an einer Heimat hängen«. Heimat als Sekundenkleber? Die Bequemlichkeit des Vertrauten? Die Schwerkraft der Komfortzone? Da musste ich einfach nachforschen.

Nach der staatlich subventionierten Himbeertorte im Café der Unibib habe ich meinen typischen Weg zum Bahnhof verlassen und kraxle den leichten Anstieg zur Altstadt hoch. In der Gasse hinter dem kopfsteingepflasterten Platz mit typisch süddeutschem, blumenbehangenem Springbrunnen hängt das »Hier kotzte Goethe«-Schild. Links ruht gemächlich die Stiftskirche, deren Fenster Goethe einst lobte, und rechts tobt ... ein Tchibo. *Antiquariat Heckenhauer* steht darüber. Hier hat Hermann Hesse um 1900 herum seine Buchhandelslehre gemacht – im Antiquariat natürlich, nicht im Tchibo, sonst hätte er deutlich mehr Kram gehabt. Um 1900 besaß ein Haushalt durchschnittlich um die 400 Gegenstände. Heutzutage sind es um die 10 000, woran unter anderem Tchibo schuld sein dürfte.

Zwischen Tchibo und dem angrenzenden Laden führt ein langer, ein Meter schmaler Flur mit grünlicher Holzverkleidung an den Wänden zunächst in den hinteren Teil des Hauses und dann ein paar Treppenstufen hoch. Durch eine Glastür trete ich auf den dunklen, knarzenden Holzboden ins Hesse-Kabinett. Es ist ruhig hier. In großen, schwarzen Buchstaben steht ein Schriftzug an der Wand links von mir: *Die Jugend des Dichters der Jugend.* Rechts führt eine hübsche alte, metallische Wendeltreppe in das zugemauerte Obergeschoss, Wände und Decke sind weißgestrichen. Im hinteren Teil des Raumes stehen zwei lange, dunkle Holzregale mit alten, braunbunten Büchern, originale Bücher aus der Zeit der vorletzten Jahrhundertwende, die ihren wunderbar historischen Duft überall verströmen. Über den Raum verteilt liegen mintgrüne Infotafeln im Stil aufgeschlagener Buchseiten auf niedrigen weißen Tischen. Eine ältere Dame mit lockigem grauen Haar steht von ihrem Schreibtisch in einer abgetrennten, hinteren Ecke auf und begrüßt mich mit leuchtenden Augen. Ob sie mir etwas über Hesse erzählen kann?

»Hier im Antiquariat hat Hermann Hesse seine zweite Ausbildung zum Buchhandelsgehilfen absolviert, der Raum, in dem heute der Tchibo ist, gehörte damals auch zum Antiquariat. Seine erste Ausbildung in Esslingen hat er nach drei Tagen abgebrochen, in dem er einfach nicht mehr zur Arbeit erschienen ist«, verrät sie mir. Sofort erscheint mir der junge Hesse schon mal ziemlich sympathisch. »Hier hat er dann zum ersten Mal etwas zu Ende gebracht«, strahlt sie.

Als Hesse im Oktober 1895 als 18-Jähriger nach Tübingen kam, hatte er bereits seine Flucht aus dem theologischen Klosterseminar in Maulbronn, einen Selbstmordversuch und eine einjährige, abgeschlossene Mechanikerlehre in seiner Heimatstadt Calw hinter sich. 14 000 Einwohner hatte Tübingen damals, Tendenz stark steigend, Gaslicht und Wasserwerk waren in den letzten beiden Jahrzehnten in Betrieb genommen worden, erst vierunddreißig Jahre war der Bau des Tübinger Bahnhofs her, den Hesse ab und zu nutzte, um seine Familie in Calw zu besuchen. »Die Stadt gefällt mir wohl. Eng und winklig, mittelalterlich romantisch, voll Richterscher Bildchen, aber auch etwas dunstig und schmutzig. Das Schloß ist prächtig, vor allem der Ausblick vom Schloßberg, und die Alleen sind herrlich«, schrieb er in einem ersten Brief an seine Eltern. Elf Stunden täglich arbeitete er im Antiquariat, »Die Tagesarbeit ermüdet wohl, weckt aber auch das Verlangen, den Staub abzuwaschen, und verdoppelt den Reiz geistigen Genusses.« Nur samstagnachmittags schien es ihm zu reichen: »In diesen Stunden nimmt mir jedesmal das gedrängte Geschäft alle Luft und Lust, in diesen Stunden erscheint mir der Zustand eines Typhuskranken als ein Sommervergnügen, in diesen Stunden preise ich die Toten selig, die vor mir gewesen sind.« Trotzdem reifte hier sein Entschluss, »Ein Dichter und sonst nichts« zu werden.

»Als Hesse den Literaturnobelpreis bekommen hat, soll er ›Auch das noch‹ gesagt haben und ist der Verleihung ferngeblieben«, erzählt sie grinsend. 1946 war das, sechzig Jahre vor Bob Dylan. Leise quietscht die Tür, und eine umfangreiche asiatische Reisegruppe betritt tuschelnd den Raum. »Meistgelesener deutschsprachiger Autor des 20. Jahrhunderts«, lächelt sie und begrüßt die neuen Gäste. Ich bedanke mich und begebe mich zu einer anderen Infotafel, lese mir die kurzen Texte durch, Notizen über Hesses Zeit in Tübingen und Briefe, die er an seine

Eltern schrieb. Auch eine Postkarte an seine Mutter ist dabei, ohne Bild der Tübinger Skyline, stattdessen mit dem Schriftzug *Königreich Württemberg.* Dass Hesse noch in einem Königreich gelebt hat …

Auf einem kleinen Verkaufstisch liegen verschiedene Bücher aus. Ich nehme eins in die Hand, *Mit der Reife wird man immer jünger,* und blättere zu einer zufälligen Seite. »Daß ein Fahrrad von heute besser ist als eins von 1880 und daß eine Lokomotive schneller fährt als ein Handkarren, diesen Fortschritt muss ich zugeben und tue es gerne … Die Überwindung der Zeit, die man von diesen Schnelligkeiten haben könnte, hat man ja gerade nicht, und man ist durchschnittlich im Schnellzug gerade so ungeduldig wie früher im Postwagen, wenn es pressiert, und wo pressiert es heute nicht?«, steht dort, ein Auszug aus einem Brief Hesses an einen Freund im Februar 1908. Gab es jemals eine Zeit, in der es keinen Fortschritt gab, der nicht für Verunsicherung sorgte? Eine Zeit, in der es Menschen nicht so vorkam, als würden sich die Dinge immer schneller ändern, und sie das ja auch wirklich taten?

Das Antiquariat selbst ist nebenan auf einen kleinen, feinen, bis zur Decke mit Büchern gefüllten Verkaufsraum neben dem Kabinett geschrumpft. Ich kaufe mir eine Hesse-Biographie und zwei seiner bekanntesten Bücher, *Unterm Rad* und *Siddhartha,* und beginne in der Regionalbahn Richtung Stuttgart, meine Lektüre zu verschlingen. An sechzehn Orten hat Hesse in seinem 85-jährigen Leben gewohnt, durch seinen Vater besaß er zunächst die russische Staatsbürgerschaft, dann für sieben Jahre die Schweizer, dann für drei Jahrzehnte die württembergische und danach wieder die der Schweiz. »Ich wäre auch gern vermöglich«, schrieb Hesse im Juni 1899 an seinen Stiefbruder Karl Isenberg, »wie aber nun die Sachen liegen, halte ich's für besser, 11 Stunden für 80 Mark zu arbeiten, als 14 für 100, und will dies gelten lassen, bis auch mir einmal etwa Heiratsgedanken in den Kreis der Möglichkeiten rücken werden.« Er heiratete dreimal, ließ seine Familie zurück, war sein ganzes Leben lang auf der Suche nach der richtigen Mischung aus Sesshaftigkeit und Unterwegssein, aus Konformität und Freiheit. Warum hatte ich Hesse vorher nie auf meinem mentalen Bildschirm? Schon wieder so eine interessante Sache, auf die ich nicht gestoßen wäre, wäre ich nicht unterwegs. Und die Sache mit der Heimat?

Heimat ist nicht da oder dort.
Heimat ist in dir drinnen, oder nirgends.

KAPITEL 11

Hello, my name is

»Bitte nicht fragen!«, denkt mein Gehirn. »Bitte nicht fragen! Bitte …«

»Und, woher kommst du so?«, fragt mich mein Gegenüber und schaut mich so an, wie einen Leute anschauen, die einen gerade gefragt haben, wo man herkommt.

Spätestens seit ihrer Erfindung gehören Gespräche zu diesen sinnvollen, selbstverständlichen, zivilisatorischen Formen menschlichen Kontaktes. Jedes Gespräch muss irgendwie anfangen, und weil eine Herkunft zu haben genauso zu diesen selbstverständlichen Dingen gehört, ist dieser Anfang der absolut sicherste Einstieg ins Gespräch mit Fremden: eine Frage, auf die es *nicht* keine Antwort geben kann.

Ich stehe auf einer Berliner Party. Nun ist es ja heutzutage so, dass man auf Berliner Partys davon ausgehen kann, dass längst nicht jeder Anwesende auch in Berlin wohnt und dass man sich darüber hinaus sehr sicher sein kann, dass kaum jemand hier aufgewachsen ist. Doch auch außerhalb von Berliner Partys scheint kaum einer aus dem Ort zu kommen, an dem man sich gerade befindet, und auch außerhalb von Partys funktioniert das mit dem Vorstellen halt so: Hallo, ich bin *mein Name, mein Alter, mein Beruf, mein Ort.*

Name und Alter wohnt diese Gemütlichkeit inne, diese einfach zu artikulierende, sich nur selten beziehungsweise in überschaubarer Regelmäßigkeit ändernde Faktenlage. Früher konnte man sich schon aufgrund des Aussehens, der Kleidung, des Namens ein umfassendes Bild vom Gegenüber machen. Die vierzehn häufigsten Nachnamen unseres Landes sind Berufsbezeichnungen, darunter meiner auf Platz eins, nur davon, dass der Nachname den Beruf verrät, sind wir auch schon länger weg. Ich bezweifle, dass früher alles besser war, aber es scheint mir definitiv vieles weniger komplex gewesen zu sein. Selten hat mir eine so alltägliche, oft gestellte Frage so viel Kopfschmerzen und Gedanken bereitet wie diese, seit ich meine Wohnung gegen diese dämliche BahnCard getauscht habe. Eine absolut logische, legitime Frage, aber ebenso komisch erscheint sie mir. Es scheint nur zwei Optionen für eine Antwort zu geben: Entweder ich zähle alle relevanten Orte meiner bisherigen Lebensgeschichte auf, was unweigerlich damit zusammenhängt, sämtliche Lebensabschnitte meines vergangenen und aktuellen Lebens aufzuzählen und auszuführen, oder ich nenne nur einen Ort und es fühlt sich so an, als würde ich irgendwie lügen, etwas verschweigen. Beides mache ich meistens weniger gern. Wäre unsere physische Herkunft das Klima, hätte man früher »Schönes Wetter heute« gesagt, und jetzt unterhalten wir uns über den lateinischen Namen der Wolken am Horizont und tauschen uns über die Entwicklung des Mittelwertes mitteleuropäischer Klimadiagramme der letzten fünf Jahrzehnte aus. Aus der Frage, auf die es *nicht* keine Antwort geben kann, ist eine Frage geworden, auf die es bei sehr vielen von uns nur eine sehr komplexe Antwort gibt. Nur jeder Elfte in unserem Lande zieht nie um, und auf den Kern dieser Frage einzugehen und zu erzählen, wo wir herkommen und dann gegebenenfalls auch, wo und wie wir jetzt leben, scheint eine Herkunftskette biblischen Ausmaßes hinter sich herzuziehen, nur halt mit Orten statt Söhnen.

So interessant diese Frage ist, so unvollständig erscheint sie mir:
Was steckt in diesen Ortsnamen? Orte scheinen diese riesigen Schubladen zu sein, Schubladen mit Ortseingangsschildern, vorgefertigten Lebensläufen, Charakterzügen und Einstellungen. Und doch hatten sie wohl noch nie so wenig Aussagekraft wie heutzutage.

Was sagt der oder was sagen die Orte, die wir nennen, wirklich über uns aus? Was ist ein Ort ohne Stadtteile, ohne Zeit?

Was prägt uns mehr, der Ort, wo wir herkommen, oder der, wo wir hinwollen? Wo wir hingegangen, wo wir jetzt sind?

KAPITEL 12

Ich war da

Vielleicht ist Heimat da, wo es komisch ist, nicht auszusteigen.

Während der Zugchef die Anschlusszüge verkündet, huscht in der Ferne meine alte Fahrschule an mir vorbei, und die Nachbarschule, hinter der sich mein Gymnasium versteckt. Wie sich das für benachbarte Schulen gehört, hegten wir eine gutgepflegte Abneigung gegeneinander. Bei uns war das wie mit Köln und Düsseldorf: Wir attestierten der Nachbarschule ein inhaltsleeres, oberflächliches Schickimickitum, und sie fand uns zu alternativ, zu locker und allgemein zu unschick.
»Wir erreichen Bielefeld Hauptbahnhof, Ausstieg in Fahrtrichtung rechts.« Die Türen öffnen sich, warme Sommerluft schlägt mir entgegen und die Erinnerung an Dinge, die ich lange nicht mehr getan habe: zum ersten Mal verliebt sein, zur Schule fahren, Radiolieder auf Kassetten aufnehmen und den ersten und einzigen Versuch, zwar sechzehn-, aber eben noch nicht volljährig, in eine Disco reinzukommen.

Seitdem ich die BahnCard habe, bin ich deutlich öfter hier als in den Semestern zuvor, und trotzdem hängt meinen Besuchen hier weiterhin eine surreale Note an.

HEIMAT

steht in ein Meter großen, bunten Leuchtbuchstaben über der blauen Zuganzeige an dem Fenster der Bahnhofshalle. Darunter steht *Krankenkasse,* aber das stört mich nicht weiter.

Auf dem überschaubaren Bahnhofsvorplatz mit grauem Busbahnhof, weißem Hotel und rotweißer Currybude beginnt meine Heimatstortur: Wenn etwas in mir innerhalb Deutschlands eine Art heimatliches Herkunftsgefühl auslöst, dann ist es, in einer Stadt ein Auto mit Bielefelder Kennzeichen zu sehen. Mein Gehirn schreit dann »Bielefeld! Bielefeld!« wie ein aufgeregtes Kleinkind an der Süßigkeitenauslage der Supermarktkasse, und ich habe sofort den Drang, dem Fahrer des Autos aufzulauern und ihm ein »Ich komme auch aus Bielefeld!« entgegenzuschmeißen. Ich finde das ziemlich süß von meinem Gehirn, kann diesen Mechanismus aber leider nicht abschalten, wenn ich dann tatsächlich hier bin. Dieser Umstand resultiert in der permanenten Unfähigkeit, mich außerhalb geschlossener Räume innerhalb der Bielefelder Stadtgrenzen auf irgendwas länger zu konzentrieren als – oh, guck mal, ein Auto!

Ich wollte in Bielefeld ein Museum bauen, wie es auch in Amerika stehen könnte, zitiert ein riesiges Plakat am Bahnhofsgebäude den Architekten der Kunsthalle, Philip Johnson. Der war auch fürs New Yorker Museum of Modern Art verantwortlich, hat aber, wie ich enttäuscht feststellen musste, die einmalige Chance verstreichen lassen, folgerichtig an die Grand Central Station das Plakat *Ich wollte in New York ein Museum bauen, wie es nicht in Bielefeld stehen könnte* zu hängen.

Bielefeld, das ist die Heimatstadt von Dr. Oetker, Erfinder des Backpulvers, Perfektionierer der Tiefkühlpizza, mit genauso vielen Einwohnern wie Island, nämlich 330 000. Hier komme ich her, und hier bin ich nicht mehr, zwei Faktoren, die es sehr schwierig machen, einen Ort angemessen zu beschreiben. Vier Jahre ist es her, dass ich weggezogen bin, und je länger ich mich in Süddeutschland aufhalte, desto nördlicher erscheint es mir. Aber auch nicht so richtig: Bielefeld, das ist so ein bisschen zwischendrin. Noch nicht die nördliche Backsteingemütlichkeit von Niedersachsen aufwärts, noch nicht der Industriecharme des Ruhrgebiets, nicht die hügelige süddeutsche Zwiebelkirchturmromantik, nicht die weiten, flachen Landschaften des Ostens. Stattdessen wirft Wikipedia Bielefeld vor, eine »kreisfreie Großstadt im Regierungsbezirk Detmold im Nordosten Nordrhein-Westfalens« zu sein, was immens viel langweiliger klingt, als es je ein Kritiker dieser Stadt berechtigterweise unterstellen könnte. Bielefeld ist auf seine eigene, liebenswerte Art eine komische Stadt.

Ich denke, das fasst es ganz gut zusammen. Eine Menge interessanter Leute kommt von hier: Guildo Horn, mit »Guildo hat euch lieb« deutscher Vertreter beim Eurovision Song Contest 1998, ist Bielefelder. Oliver Welke wurde hier geboren, Kai Diekmann ist hier aufgewachsen, Gerhard Schröder hat hier sein Abitur gemacht, und dann gibt es da noch Ernie, den Nudisten, der jahrelang nackt durch Bielefeld radelte und, so mein aktueller Wissensstand, schon lange nicht mehr von irgendeiner Polizeistreife vom Fahrrad gefischt wurde. Claudia Roth hat hier vor ein paar Jahren in einer Disco aufgelegt, wir haben unsere amerikanisch anmutende Kunsthalle, die pädagogisch hochangesehene Laborschule, das Diakoniewerk Bethel, ein Restaurant in einer ehemaligen Kirche, eine schöne Altstadt in der Form eines Hufeisens und den Poetry Slam in der Bielefelder Uni, bei dem Julia Engelmanns virales Video aufgenommen wurde:

> *Eines Tages, Baby, werden wir alt sein,*
> *oh Baby, werden wir alt sein,*
> *und an all die Geschichten denken,*
> *die wir hätten erzählen können.*

In letzter Zeit erscheint mir Bielefeld wie diese Jugendliebe, die man gefühlte Jahrzehnte später wiedertrifft und die auf einmal überraschend cool geworden ist. Nicht so cool, dass man wieder mit ihr zusammenkommen wollen würde, aber doch so, dass es für einen sehr kurzen Moment verlockend erscheint und man selbst davon erstaunt ist, dass man überhaupt daran gedacht hat. Vor vier Jahren habe ich Bielefeld nach dem Abi verlassen, und seitdem ist es deutlich hipper geworden. Jetzt gibt es einen modernen Nudelladen mit rotem Schriftzug und diverse Frozen-Yoghurt-Läden und jede Menge solch leckerer, aber tragischer Anzeichen von Modernisierung, und doch blitzt zwischen den altbekannten Gesichtern der Filialen hier und da ein eigener Charakter durch, ein originelles Café, eine bunte Straßenecke.

Einfacher, als den typischen Bielefelder zu beschreiben, scheint mir das Gegenteil, denn es gibt eigentlich nur zwei Arten von Nicht-Bielefeldern: die, die die Stadt nicht kennen, und die, die sie dafür kennen, dass es sie nicht gibt.
Die eine Sache, die Bielefeld von allen anderen deutschen Städten unterscheidet, ist seine moderne Beziehung zum philosophischen Konzept der Existenz. Wären die beiden auf Facebook ein Paar, hätten sie bei ihrem Beziehungsstatus wohl »Es ist kompliziert« angegeben: Bielefeld gab es erst einmal, dann zweimal, dann wieder einmal und jetzt gar nicht mehr. Nach der Gründung im 13. Jahrhundert war jemand zu faul, die langsam entstehende Neustadt der Altstadt anzuschließen, also gab es Bielefeld zweimal. Im 16. Jahrhundert veränderte das jemand mit mehr Motivation, hätte das aber bestimmt auch direkt gelassen, hätte er gewusst, was in den Neunzigern des

letzten Jahrhunderts passieren wird: Da nämlich fand es dann ein Student mit hoher humoristischer Motivation – übrigens nicht aus Bielefeld – witzig, überall zu erzählen, dass diese Stadt gar nicht existiere. Seitdem ist dieses unschuldige Fleckchen Erde Träger des auffälligsten und grandios nervigsten Alleinstellungsmerkmals, das wohl je ein Ort besessen hat, einer Art Leberfleck unter den Städtebeschreibungen: die Bielefeld-Verschwörung. Seit mehr als zwei Jahrzehnten hält diese etwas zu hartnäckig den Mythos am Leben, dass es Bielefeld gar nicht gäbe, wegen Außerirdischen, Amerikanern, gesperrten Autobahnabfahrten und anderen Inventarstücken des »Wir-bauen-uns-eine-Verschwörung«-Bausatzkastens. Dieser vermeintlich harmlose Jugendstreich verbreitet hohes künstlerisches Können unter den Bürgern dieser ostwestfälischen Stadt: Die gefühlt wichtigste Kernkompetenz eines Schauspielers, längst Bekanntem und Absehbarem immer und immer wieder mit einer überraschten, authentischen Reaktion zu begegnen, darf sich jeder Bewohner in einem unfreiwilligen, aber dafür lebenslangen Training aneignen, auf das sämtliche ausgebildete Schauspieler des Landes neidisch sein dürften. Denn wichtiger Teil der Verschwörung scheint ebenfalls zu sein, dass wir Bielefelder immer wieder vergessen, dass es unsere Stadt gar nicht gibt, so dass wir von mindestens jeder zweiten Bekanntschaft freundlicherweise daran erinnert werden: »Ach, du kommst aus Bielefeld, das gibt's doch gar nicht!« Dem stets fröhlich-spontanen Ausspruch dieser Erkenntnis folgt in Sekundenschnelle eine bemitleidende Mimik à la »Das sagt bestimmt jeder«, danach ein überzeugtes Grinsen nach dem Motto »Ich musste es aber trotzdem noch mal sagen« und zu guter Letzt das gleichermaßen vorsichtige wie eindeutig erwartungsvolle Lächeln des »Ich hoffe doch, du bist da jetzt nicht genervt von!« Der Verschwörungskram veranlasste das Stadtmarketing zu dem geradezu gewagt kreativen Jubiläumsmotto *800 Jahre Bielefeld – das gibt's doch gar nicht!*, und sogar Angela Merkel sagte mal in Bezug auf einen Besuch Bielefelds: »Ich hatte den Eindruck, ich war da.«

Auch die U-Bahn-Station des Hauptbahnhofs lässt einen amerikanisch-künstlerischen Einfluss vermuten. Sie gleicht einer modern angehauchten Symbiose aus dem Pariser Louvre, einem Schachfeld, dem Inneren eines Vulkans und einem Tauchgang unter einem umgefallenen Bergmassiv: Unter einem dreieckigen Glasdach fährt die flache Rolltreppe exakt eine Minute lang zum schwarzweiß gefliesten Kachelboden der Station. Über den Bahnsteigen der vier U-Bahn-Linien hängen wellige graue Wände in Streifen von der Decke, entlang der Wände ziehen sich rot und gelb leuchtende Streifen, eingelassen in grauen Hintergrund. Gewiss eine gesellschaftskritische Komposition mit zahlreichen Deutungsmöglichkeiten.

Gerade als ich die Rolltreppe zum Gleis runterlaufe, ruft Kathi an.

»Na, wo biste?«, fragt sie. Im Hintergrund sagt die freundlich-herbe Frauenstimme vom Band die einfahrende U-Bahn an.

»Ah, grüß mal deine Oma«, sagt Kathi, bevor ich überhaupt irgendwas gesagt habe.

Das orangegraue Muster der U-Bahn-Sitze speichert die Erinnerungen an wohl Tausende morgendliche Zur-Schule-Fahrten. Ob ich jemals den Punkt erreichen werde, an dem ich hier öfter alleine als mit Schulkameraden gewesen sein werde? Ich sitze einem Plakat auf beiger Wand gegenüber: Mit *Wir sind Ostwestfalen: stur – hartnäckig – kämpferisch* bewirbt sich dort Arminia Bielefeld, erfolgreichster Fußballverein Ostwestfalens, auf typisch sympathisch ostwestfälische Weise. Ein einziges Mal war ich als Kind in dem mitten in einer Wohnsiedlung gelegenen Vereinsstadion, damals hieß es noch offiziell *Bielefelder Alm*, inzwischen hat eine große Bielefelder Fenster-Firma sich die Namensrechte gekauft, und jetzt heißt es Große-Bielefelder-Fenster-Firma-Arena. Mit einer Prise hoffnungsvollem Optimismus wurde Arminia nach Arminius benannt, dem Cheruskerfürsten, der dem Römischen Reich die verlustreichste Schlacht seiner Geschichte einbrachte: Ein Achtel des gesamten römischen Heers verlor in der Varusschlacht im Jahre 9 n. Chr. durch einen geschickt eingerichteten Hinterhalt sein Leben. Wo genau in Norddeutschland die Varusschlacht stattgefunden hat, ist unter Experten umstritten, sicherheitshalber errichtete man aber Ende des 19. Jahrhunderts im an die Stadt angrenzenden Teutoburger Wald eine sechsundzwanzig Meter hohe Statue von Arminius und benannte sie nach seinem bürgerlichen Namen als »Hermannsdenkmal«. Elf Jahre lang war es die höchste Statue in der westlichen Welt, lerne ich nun auf Wikipedia, bis die Franzosen die Freiheitsstatue vor die Tore New Yorks gestellt haben, heute ist sie noch die höchste Deutschlands. Ob Arminius seine Kameraden durch rein moralische oder auch finanzielle Bestechung zum Mitmachen bewegt hat, ist meines Wissens nach historisch nicht überliefert – so oder so schien es Arminia Anfang der siebziger Jahre für eine gute Idee zu halten, das Gleiche im Rahmen des später als *Bundesligaskandal* betitelten genialen Einfalls mit gegnerischen Mannschaften und Schiedsrichtern zu tun, was statt in der Niederlage des gegnerischen Heers jedoch im einjährigen Verlust der eigenen Bundesligalizenz endet. 1999 bekam das Hermannsdenkmal ein guinessbuchrekordwürdiges 130 Quadratmeter großes Arminiatrikot angezogen, das unter bis heute nicht geklärten Umständen über Nacht verschwand. Vielleicht hat Ernie, der Nudist ...?

Die Straßenbahnfahrt zu dem Stadtteil meiner Kindheit kommt mir jedes Mal kürzer vor, der Bus jedes Mal kleiner. Auf der einen Seite der Haltestelle ruht die Siedlung,

auf der anderen liegen Getreidefelder, ein Wäldchen im Hintergrund. Alles so vertraut, die Krümmung des Bodens, der Winkel des Horizonts, der Geschmack der Luft. Wenn kein Auto vorbeifährt: Ruhe.
Ich verlasse die Straße und laufe über einen Garagenhof mit buntangemalten Toren. Ob es ihn noch gibt? Früher war das hier ein Geheimweg, an der Hecke entlang, durch die Gärten der Nachbarn, durch die nächste Hecke, zack, Abkürzung. Damals, als wir noch keine Handys hatten, ich die Goldfische im Teich mit einem ambitionierten Trainingsplan für Zirkusnummern fit machen wollte und *Wetten, dass …?* noch das Event war, über das am Montagmorgen in der Grundschule heiß diskutiert wurde. Die Hecke ist nicht mehr so riesig wie früher, und der Zaun … war damals noch nicht hier.
Resigniert drehe ich um und laufe zurück zur Straße, vorbei an der großen Wiese, die früher mal eine Pferdekoppel war. Was wohl aus ihnen geworden ist? Erst seit kurzem erscheint mir die Nachbarschaft meiner Kindheit ungewohnt ländlich. Die Pferde müssen schon seit Jahren weg sein, dafür wohnt nun zwei Ecken weiter eine Horde freundlicher Alpakas, die mir immer sofort gute Laune machen, wenn sie in ihrem Garten rumstehen. Bielefeld ist wirklich eine spezielle Stadt.

Hinter Pferden und Alpakas, effizient-unromantischen neuen LED-Laternen und der Erinnerung an den großen Baum, der schon vor Jahren gefällt wurde, liegt das Haus meiner Kindheit. Der Schlüssel im Schloss, das Klicken der Lichtschalter, das Gefühl des wunderbar alten Teppichs unter den Füßen, das Geräusch der Türen und die Tönung ihrer Glasscheiben, all diese Dinge, von denen ich weiß, dass ich irgendwann nur noch die Erinnerung an sie konservieren kann, eine Zeitreise mit Zerfallsdatum. Die Gewissheit, dass man mal da war.

Im Wohnzimmer ist es ruhig, meine Oma spaziert gerade um die Ecken, verrät mir der leere Rollator-Parkplatz neben dem Wohnzimmerschrank. Im zerfledderten Notizbuch auf der Kommode klebt immer noch die inzwischen ausgeblichene Telefonliste meiner Grundschulklasse, nebenan steht der Fernseher vor sich hin. Vier Jahre alt muss ich gewesen sein, als ich einfach nicht einschlafen konnte und nach unten ins Wohnzimmer kam, wo meine Mutter und meine Oma in der schwarzen Kiste vor der Wand, deren Zweck mir bis dahin unbekannt geblieben war, eine Dokumentation über den Mekong schauten, die mit ihren langen, starren Bildern so unglaublich langweilig gewesen sein muss, dass ich unbeeindruckt wieder schlafen ging. Im Regal hinter dem Fernseher stehen drei Meter lang braune Bücher: Meyers Enzyklopädisches Lexikon. Gros-He, Jahrgang 1974, Seite 629: Heimat. »Subjektiv von Menschen oder kollektiv von Gruppen (...) erlebte territoriale Einheit, zu der ein Gefühl besonders enger Verbundenheit besteht. Die Vorstellung von Heimat entwickelt sich als Ergebnis von

ersten, persönlichkeitsbildenden Kindheits- und Jugenderfahrungen. Mitunter kommt es bei Erwachsenen jedoch zur späteren ›Entdeckung‹ einer Wahlheimat.
Heimat als besondere Struktur von Bewusstseinsinhalten ist ein wirksamer Orientierungs- und Bewertungsmaßstab für spätere soziale Erfahrungsräume und Zugehörigkeiten; für Menschen aus einsamen, verkehrsabgeschnittenen und gegenüber der Umwelt beziehungsarmen Gegenden in der Regel stärker als für Menschen aus urbaner Gesellschaftsstruktur mit hohen Mobilitätsraten.
In Zeiten persönlicher Krisen oder sozial verursachter Risiken vermittelt Heimat ein Gefühl von (zumeist allerdings nur scheinbarer) Sicherheit und Rückzugsmöglichkeit, wodurch individuelle Stabilisierung- und Konsolidierungsprozesse angeregt werden können. Andererseits behindert allzu ausgeprägtes Heimatbewußtsein den Blick für globale bzw. gesamtgesellschaftliche Strukturen und Wirkungszusammenhänge, läßt es borniert-lokale Beschränktheit sowie harmonisch-integrative und romantisch-verklärte Gesellschaftsbilder entstehen.« Wow. Wie … unromantisch. Wie rational. Wie wahr …
Was hatte ich erwartet?

Nach einem obligatorischen Schluck Apfelsaft vom Biobauernhof umgreifen meine Hände die abwechselnd geraden und runden Stäbe des weißen Treppengeländers, sie ziehen mich hoch, ich überspringe jede zweite Stufe. Ich drehe den Schlüssel um, kämpfe mich durch zum

Fenster, schiebe die Gardine zur Seite. Wirklich heller wird es nicht. Der Baum vor dem Fenster ist wieder größer geworden.

Früher oder später sitze ich jedes Mal hier, in meinem alten Kinderzimmer, und begebe mich zwischen eingelagerten Möbeln, Klamottenhügeln und Bücherstapeln auf Schatzsuche. Ich krame in Kisten, balanciere über das enge Stück freien Boden und strecke mich, um an den Griff der Schranktür zu kommen. Neben dem Diddl-Sammelordner schlafen die Rolf-Zuckowski-CDs, in einer hölzernen Truhe versammeln sich meine Kuscheltiere zu einem schweigenden Meeting. Im Regal ruhen meine Kinderbücher, darunter einer meiner frühesten Reisehelden, Petzi, der Bär, der mit seinen tierischen Freunden auf einem selbstgebauten Schiff stets neugierig und optimistisch die Welt erkundet. Zwischen Jahrmarkt-Geschenken meiner Jugendliebe und Diaaufnahmen meiner Großeltern entdecke ich jedes Mal etwas, das ich loslassen kann, und jedes Mal leert sich dieses Zimmer um ein kleines bisschen Vergangenheit, ein Fitzelchen Papier, ein verblichenes T-Shirt, ein Kleid, das nicht mehr passt. Auf dem Fensterbrett stapeln sich bunte Kassetten mit Bollywoodmusik, die meine Ma und ich vor über zehn Jahren auf unseren Reisen in Indien gehört haben. Zehn Jahre. Etwas zuckt in mir zusammen, ein Moment kurzer Ahnung, wie lang das Leben sein kann, wie die Vergangenheit irgendwann wie ein anderes Leben erscheint, jedes Mal, wenn mir die Zehn-Jahres-Tatsache erst schüchtern zuwinkt und dann, nach sofortiger intuitiver Leugnung meinerseits, mit dem Zaunpfahl eins überdrischt.

Während ich in die zukünftig vergangene Ewigkeit meines Lebens abdrifte, werde ich beobachtet. Sehr leer, sehr bedacht ruht in der Ecke unter dem zugestellten Tisch mein orangebrauner Weltreisegefährte. Die Erinnerungen kreisen durch meinen Kopf, wie ich ihn auf der engen kambodschanischen Rikscha an mich drücke, wie er im vietnamesischen Staub auf der Straße steht und sich in Oslo am Nationalfeiertag stolz die norwegische Flagge in den Verschluss klemmt. Jetzt sitzen wir beide hier, schauen uns an, Bielefelder Stille um uns herum. Er seufzt. Ob mir das alles irgendwann wie ein Film vorkommt?

Genug für heute, beschließe ich, ziehe die Gardine zu und lege meine Hand um die Türklinke. Plötzlich schickt mir eine unscheinbare, weißsilberne Pappkiste ein Lächeln übers Gesicht. Krabbelnd ziehe ich sie unter dem Tisch hervor, hebe sie wie ein Heiligtum in meine Arme, schließe eilig die Tür hinter mir und steige die Stufen zum Dachboden hoch. Wir stecken unsere Köpfe aus dem schrägen Fenster, ein bunter Sommersonnenuntergangshimmel liegt über der Siedlung, abendliches Vogelgezwitscher und ein Summen wie das des australischen Outbacks. Wie irre es doch ist, schießt es mir durch den Kopf, dass der Ort, an dem wir aufwachsen, der uns so vertraut und so besonders ist, ja auch nur irgendein Ort ist, ein

Haus irgendwo in einer Siedlung, eine Zusammenstellung von Materialien, ein Pixel irgendwo auf einem Satellitenbild. Uns durch unsere Kindheit eingetrichtert wie der Geschmack des Essens unserer Großmütter, genauso mitten im Irgendwo wie jeder einzelne Fleck auf diesem riesigen Planeten, und doch für uns der Ort, an dem alles angefangen hat. Wo auch immer es weitergehen wird. Ist das hier Heimat? Es fühlt sich nicht danach an. Es fühlt sich richtig an zu sagen, dass dieser eine Pixel auf diesem Satellitenbild meine Heimatstadt ist, aber ich habe keinen Alltag hier, kein gegenwärtiges Zuhause.

Behutsam lege ich die Kiste vor mir auf den dünnen Teppich und nehme ihren krummen Pappdeckel ab. Meine Hände gleiten ehrfürchtig durch die großen und kleinen Notizhefte, das rote aus Thailand, das bunte aus Australien, das große blaue aus den letzten Monaten meiner Schulzeit. Flugtickets, Museumsflyer, ausgeblichene Kinokarten und eingetrocknete Gänseblümchenketten warten zwischen ihren Seiten, mehr Erinnerungen, mehr Details, mehr Gefühle, als mein Gehirn auf einmal begreifen kann. Unter dem bunten Stapel auf meinen Knien blitzt eine schwarzweiße Ecke hervor. Ich weiß nicht, ob ich das tun sollte. Ob es zu früh ist? Ich halte kurz inne, dann ziehe ich das Büchlein vorsichtig heraus. Langsam blättere ich ahnungsvoll durch die winterlichen Seiten und bleibe im Januar am Stuttgarter Flughafen hängen, dort, wo mich vorletztes Jahr Kathi und Isa in Empfang genommen hatten. Gewiss keiner der großen, spektakulären Flughäfen, aber doch ein kleiner, vier Miniterminals großer Sehnsuchtsort für mich.

Ich laufe durch die Drehtür, die Treppe zwischen den Rolltreppen hoch, unter den metallischen Verästelungen des Dachs entlang durch die hohen Hallen. Dann sitze ich auf einer der langen, schwarzen Bänke im Terminal, beobachte das kaum vorhandene Treiben, höre einige wenige Rollkoffer über den hellen Boden klackern. Es war einer dieser Tage, an denen ich abends auf dem Weg von der Uni nach Hause hier ausgestiegen bin, aus dem Landbus, durch Wald, Wiese und Dörfer, zum kleinen Stadtflughafen, ein kurzes Innehalten, bevor mich die S-Bahn nach Hause brachte. Keine vier Monate bevor ich meine Wohnung für die BahnCard verlassen habe und doch so absolut ahnungslos, dass mir das Leben in Kürze genau dieses Abenteuer auf den Weg legen wird. Ich lese:

»Endlich Ruhe, alleine, Flughafen. Fühle mich wie im Niemandsland, fühle mich frei.
Ich wünschte, ich hätte keine Wohnung mehr, die Uni beendet, meinen Rucksack dabei und die Freiheit im Gepäck. Ich würde mich hierhin legen und dösen. Mich dabei so geborgen und zu Hause fühlen wie jetzt, und noch mehr. Und so frei, frei, wie ich es mit einer Wohnung voller Krempel nie sein kann.«

Eines Tages, Baby,
werden wir alt sein,
oh Baby, werden wir alt sein,
und an all die Geschichten denken,
die für immer unsere sind.

Und ich hatte den Eindruck, ich war da.

KAPITEL 13

Am liebsten alle oder: Die Perfektion frisst ihre Kinder

Ich bin den *Aussteigertipps* der Münchner U-Bahn gefolgt und irgendwo zwischen Deutschem Museum und Pinakothek ausgestiegen. Jetzt stehe ich vor einem Kaufhaus. Unübersehbar hängen vor mir fünf der ungefähr 500 bis 1000 Portionen Werbung, die jedem von uns täglich vor Augen und Ohren geschmissen werden. Fünf Plakate, in Reih und Glied nebeneinander, auf jedem eine Person und darüber ein Spruch in großen, weißen Buchstaben.

»Genau die habe ich gesucht!«, grinst eine Frau mit schickem Kurzhaarschnitt und Blazer einen braunen High Heel an.

»Warum eigentlich nicht?«, fragt sich eine andere Frau und hält sich ein strahlend gelbes Kleid an den Körper.

»So muss das aussehen!«, zupft ein Businesstyp in gekonnter Pose an seiner Krawatte herum und schaut selbstbewusst in die Kamera, als würde er in den Spiegel schauen.

»Am liebsten alle!«, seufzt eine junge Frau, an jedem ihrer zehn Finger ein anderer Ring, sich diese schwärmend ans Gesicht haltend.

»Wie gemacht für meinen Tisch«, strahlt eine ältere Frau eine Reihe unschuldig dreinblickender Weingläser an,

und ich könnte nicht genau sagen, was mehr strahlt, die funkelnden weißen Ohrringe, ihre strahlend weißen Zähne oder die photoshoppolierten Gläser.

»Stellt euch mal vor«, sage ich zu ihnen, »es gäbe ein Plakat, auf dem steht: *Du bist gut und vollkommen, mit allem was du bist und hast.*« Wir lachen herzlich.

Auch in den primär sesshaften Jahren meines Lebens war ich noch nie der große Shoppingtyp, den es jeden Samstag in die Fußgängerzone verschlägt, in der ständig ALLES RAUS muss, damit dauernd Neues rein kann, was dann ständig wieder raus muss. Ich weiß, dass, wenn wir etwas erst mal besitzen, es uns viel mehr wert, sein Verlust viel schmerzhafter ist, als wenn wir es wollen, aber nicht bekommen oder kaufen können. Dass es ab einem Maslow'schen Grundlevel an Absicherung viel zufriedener macht, Geld in Erlebnisse zu investieren als in Gegenstände, hat die Psychologie längst herausgefunden, aber auch ich bin weiterhin nicht verschont davon, konsumieren zu müssen und zu wollen und Dinge zu besitzen, die nützlich sind oder waren oder sein könnten, und auch nicht davon, mein Herz an Gegenstände zu hängen. Und so bleibt es eines der verwirrendsten Themen für mich: unsere Beziehung zu Gegenständen. Meine Beziehung zu Gegenständen, zum Besitz von materiellen Dingen.

Obwohl mein Rucksack deutlich kleiner ist als der, mit dem ich auf Weltreise war, wundere ich mich immer wieder, wie viel Umfang und wie viel Gewicht in die vierzig Liter reinpassen. Er ist immer mehr oder weniger gleich voll, je nachdem, wo ich wie lange unterwegs bin, was ich wo brauche, was gerade wo in der Wäsche ist. Wirklich brauchen tue ich eigentlich gerade nicht mehr als das, was ich dabeihabe, aber natürlich besitze ich viel mehr als diese vierzig Liter und die Dinge, die bei meinen Freunden auf mich warten. Als ich abends die IKEA-Lampe neben Kathis Sofa ausschalte und mir mal wieder einfällt, dass die neulich noch in *meiner Wohnung* stand und *mir gehörte*, was ich immer wieder vergesse und was mir dann immer wieder komisch vorkommt, fällt mir auf: Von den Dingen, die *mir gehörten,* die einen Großteil meiner Wohnung gefüllt haben und nun in den Kisten im Keller meiner Familie stehen, habe ich bisher nichts vermisst. Mir fehlt nichts. Wenn ich an Läden vorbeilaufe, nimmt mein Blick inzwischen automatisch nur noch Kleidungsstücke wahr, die dunkelblau oder schwarz sind. Der Rest ist für meine Augen gar nicht mehr existent, mein Gehirn scheint ihn aus meiner Wahrnehmung zu löschen, so wie es in unser aller Blickfeld unsere Nase einfach ignoriert, weil es echt nervig wäre, die die ganze Zeit zu sehen. Meine Optionen haben sich damit um achtzig Prozent verkleinert, und das spart mir jede Menge Zeit und Nerven. Und Geld, falls ich doch mal etwas kaufe. Ob ich vorher auch schon fast nur dunkelblau getragen habe? Ich habe es vergessen, ich müsste alte Fotos auswerten, um mir dessen sicher zu sein. Auch ich habe noch ein paar Optionen, aber nicht viele, und das macht es für mich ziemlich entspannt. Wie viel Lebenszeit wir damit verbringen, uns anzuziehen, umzuziehen und vorher auszuwählen, was wir anziehen, und vorher auszuwählen, was wir kaufen wollen, und vorher auszuwählen, was wir anprobieren wollen, und vorher auszuwählen, was wir uns anschauen wollen, und vorher auszuwählen, wann wir wo in welchen Laden reingehen … Kann sein, dass dieses gelbe Kleid da hinten mir gut stehen würde, aber es wird schnell dreckig, und außerdem wasche ich nie helle Sachen extra. (Frühestens ab dreißig, habe ich mir vorgenommen.) Und deswegen fällt es mir immer leichter, dem »Warum eigentlich nicht?« in meinem Kopf ein entschiedenes »Deswegen« entgegenzusetzen. Aber halt nicht immer, und das nervt mich.

Woher weiß ich, ob ein Kauf wirklich sinnvoll ist? Es ist offensichtlich, dass es Quatsch wäre, mir ein Auto zu kaufen, weil ich es kaum brauchen würde, weil es nie dort wäre, wo ich bin, weil das viele Geld, das es auf einmal und dann noch im Laufe seines Lebens kostet, mir deutlich macht, wie unsinnig dieser Kauf wäre. (Ein Umstand, der wahrscheinlich für einen Großteil der Autobesitzer gilt, vor allem für diejenigen, die gerade energisch den Kopf schütteln …) All der Kram, den ich im Laufe meines Lebens kaufe, dürfte genauso viel Geld und Zeit und Nerven verbrauchen wie das Auto, das ich nicht kaufe, dieser Aufwand ist nur nicht so offensichtlich. An den Dingen steht immer nur ein Preisschild, nie eine Haltbarkeit, nie ein Gewicht, nie die Zeit, die wir uns Gedanken oder Sorgen über sie machen, nie ihre Lebensgeschichte und die Geschichte, die sie in unserem Leben haben werden. »Dieser Gegenstand wurde von unterbezahlten Menschen in Asien hergestellt. Du kaufst ihn dir jetzt, im als Glauben getarnten Irrglauben, es werde eine Zeit kommen, in der er dir sehr hilfreich sein wird, nach sechseinhalb Umzügen fällt er dir aber vor der Haustür des siebten Umzugs aus der zerfledderten Umzugskiste, geht kaputt, und du denkst dir: Kann ich mir jetzt trotzdem noch irgendwie einreden, dass das sinnvoll war?«

Die 10 000 Gegenstände in unserem Besitz, von denen ich neulich gehört habe … Ich habe keine Lust und keine Zeit, sie nachzuzählen, aber ich weiß auch so, dass es zu viele sind, dass ich zu viel habe, egal wie viel es gerade ist. Zehntausend, was für eine schreckliche Zahl. Wie viel Material. Wie viel Geld. Wie viel Staub und wie viel Umzugskisten, die wir bei jedem Umzug wieder mitnehmen und uns anlügen, sie in der neuen Wohnung dann wirklich mal in Ruhe auszumisten, damit wir sie nicht bei den durchschnittlich 4,5 Umzügen unseres Lebens – die bei manchen von uns ja auch ein Vielfaches davon sind – wieder mitnehmen. *Am liebsten alle* und alles zu wollen erscheint mir sehr menschlich, aber auch sehr tragisch. »Minimalismus heißt nicht, dass man nichts besitzen sollte. Es bedeutet, dass einen nichts besitzen sollte«, las ich neulich. Was bedeutet Besitz? Das Privileg, einen Nutzen zu haben, und die Pflicht, sich darum zu kümmern und staubzuwedeln. Was besitze ich? Ein paar hundert Bücher, wahrscheinlich, viele hundert Kleidungsstücke, wahrscheinlich mehr alte, die ich gar nicht mehr trage, als aktuelle, Schmuck, sehr viel mehr billigen als echten, Unterlagen aus der Schule, aus der Uni, ein paar Möbel, tonnenweise Kleinkram. Wahrscheinlich ist der Kleinkram das Schlimmste. Und was besitzt mich? Die ständigen Gedanken, dass ich mich irgendwann noch mal um dieses Zeug kümmern muss. Im alten Ägypten schmückte man Gräber mit Szenen aus dem Leben des Toten und legte dem Verstorbenen Essen, Kleidung, Lieblingsgegenstände und Möbel mit ins Grab, eben alles, was man für ein vernünftiges Leben im Jenseits, inklusive der ein oder anderen Untergrundparty, so brauchen könnte. Heutzutage dürfte es vonseiten der Bestattungsgesetze aus ziemlich verboten sein, Billy-Regale, UGG-Boots und Tiefkühlpizzen in der Erde zu verbuddeln, vor allem wenn die Folie noch drum ist. Welche in Stein gemeißelten Bilder würden unsere Grabmäler schmücken? Büros, Shoppingcenter und Kreuzfahrtschiffe? Ich möchte ungern unter den Arbeitsblättern aus der Grundschule und all den Dingen, *die man noch mal brauchen könnte,* begraben werden. Aber eigentlich bin ich das wohl schon längst, solange ich sie nicht wegwerfe oder gar nicht erst kaufe. Wegwerfen, ein trügerischer Begriff: Wo ist das »weg« in diesem Universum?

Und die reale oder vermeintliche Sicherheit, die uns Dinge geben, das Bedürfnis, das sie erfüllen? Das weiße S auf meiner schwarzen Tastatur ist vom Schreiben dieses Buches so abgenutzt, dass man den Buchstaben auf der Taste kaum noch sieht. Sichern, sichern, sichern. Die ganze Zeit drücke ich diese Taste, jetzt, und fühle mich wie ein Eichhörnchen, jetzt, das für einen Winter sammelt, jetzt, der vielleicht nie kommen wird. Wir besitzen, um Sicherheit zu haben, aber wie viel davon brauchen wir und wie viel haben wir wirklich? Und warum kaufen wir? In sämtlichen Werbespots hüpfen gutgelaunte Menschen in ihren neuen Klamotten durch die Gegend, nicht durch ihren überfüllten Kleiderschrank, brettern Autos unter dem Klang von Abenteuern und Freiheit durch einsame Landschaften oder stehen an einem leeren Straßenrand, nie im staubigen Großstadtstau oder zerdrückt auf der Müllhalde. Wir sehen die Dinge nie in ihrem Kontext. Das wäre mal eine richtig sinnvolle Augmented-Reality-App: Im Laden sämtliche ähnlichen Gegenstände angezeigt zu bekommen, die wir bereits besitzen, samt Preis, effektivem Zweck und Staubwedeldauer in unserem Leben. Welche Werbung zielt nicht auf den Drang ab, unser Leben, unseren Alltag, unsere Routinen, unseren Selbstausdruck, unsere Außenwirkung zu perfektionieren? Wir kaufen, weil wir den Eindruck haben, dass noch irgendetwas fehlt. Weil wir es noch nicht geschafft haben, noch nicht ganz sind, dass es noch nicht genug ist, weil wir in unserem Bestreben nach Perfektion bisher immer nur temporär Erfolg hatten.

»Wie ich dieses Wort liebe: Gescheitert«, sagte der erfolglose Schriftsteller in der *fabelhaften Welt der Amélie.* »Das menschliche Schicksal erfüllt sich im Scheitern. Und von Scheitern zu Scheitern gewöhnt man sich daran, dass man nie über die Rohfassung hinauskommen wird. Das Leben ist nichts als die endlose Probe einer Vorstellung, die niemals stattfindet.«

Eine endlose Probe ... welch wahre Worte. Aber das ist das hier nicht. Und jetzt verstehe ich: Der sesshafte Alltag fühlt sich an wie die Probe, die Vorbereitung. Unterwegs zu sein aber ist für mich die Aufführung, das, worauf es ankommt, das Hier&Jetzt, the real shit. Ich bin unterwegs, ich hab alles dabei, was ich brauche, ich habe den Drang nicht mehr, mich zu optimieren. Ich konzentriere mich auf die Dinge, die ich dabeihabe, auf Sinn und Zweck jedes einzelnen Gegenstandes, darauf, Gewicht und Umfang zu minimieren, die wenigen wichtigen Dinge, die unterwegs zu mir gehören, wertzuschätzen, und genieße das Schneckenhausgefühl. Und welch magischen Wert haben die wenigen, besonderen Dinge, mit denen ich unterwegs bin oder die ich unterwegs meinem Hab und Gut hinzufüge. Mit diesen Dingen zu reisen verleiht ihnen einen Wert, ein Leben, Erinnerungen. Der Wintermantel aus China, dem die surreale Erinnerung an einen einsamen nebeligen Wintermorgen in der historischen Altstadt einer chinesischen Millionenstadt anhängt, mein allererster Morgen dort, hat eine ganz andere Bedeutung für mich als die meisten anderen meiner Klamotten, obwohl wahrscheinlich fast alle davon *Made in China* sind.

Erleichtert atme ich durch, als ich wieder in meiner dunkelblauen, werbearmen, gewohnten Umgebung sitze. Ein junger Mann setzt sich an die andere Seite des Tisches, er trägt das T-Shirt einer Sportmarke: *There's no finish line.*

Doch, denke ich mir, die gibt es. Und die Perfektion, sie frisst uns, weil sie unendlich ist, in unserer endlichen Welt, in unserem endlichen Leben.

KAPITEL 14

*Oben, **unten**, links, rechts*

Wenn ein gutgelaunter Zugbegleiter mit gekringeltem Bart und starkem Akzent durch die Waggons einer Regionalbahn schlendert, vor deren Fenstern Kuhställe, Traktoren und endlos grüne Wiesen vorbeiziehen, kann das nur eins bedeuten: Der Berg ruft! Beziehungsweise sein Gipfel. Äh, Zipfel. Der Zipfelpass ruft.

»Fahren Sie auch nach Oberstdorf?«, fragt der Zugbegleiter.
»Dann fahren wir zusammen!«, antwortet er hocherfreut auf meine Bejahung. »Zwar 150 andere auch, aber das ist uns egal!«, spricht es und zieht weiter durch die Waggons, Fahrkarten kontrollierend, Komplimente und Witze verteilend. Vorbei am Modell-Bahn-Zentrum Sonthofen, an Fenstern voller Blumenkästen und süßen, kleinen Bahnhofsgebäuden zieht unser Zug durch die strahlend erleuchtete Sommerlandschaft. Mit der Regionalbahn durch Bayern zu tuckern erinnert mich immer an meine Zugfahrten im Baltikum am Ende meiner Weltreise: sehr viel Wald, sehr viel Landschaft, sehr wenig Menschen.

9000 Einwohner hat Oberstdorf, sagt Wikipedia, 813 Meter über dem Meeresspiegel. Ich habe mir noch nie Gedanken darüber gemacht, auf welcher Höhe sich die Orte befinden, an denen ich mich so aufhalte, aber jetzt bin ich angefixt: Hamburg: sechs Meter, Berlin: 34 Meter, Köln: 53 Meter, Bielefeld: 118 Meter, Würzburg: 177, Tübingen: 340 Meter, München 519. Krass, das war mir zwar klar, aber nie bewusst. Unser Leben in 3D.

Zwei Regionalexpressi hinter Ulm halten wir an einem kleinen Bahnhof. Ein überdimensionaler Wanderrucksack hängt an dem Nebengebäude, bunte Blumenkästen an dessen Fenstern. Die wahrscheinlich schönste Endstation Deutschlands, ein Kopfbahnhof, den hier Gott sei Dank niemand unter die Erde legen möchte. Ich betrete den Bahnsteig, drehe mich um, und zack: ein riesiger Berg. Meine Schultern senken sich: Es ist einfach schon entspannend, an einem Ort in wunderschöner Umgebung zu sein, an dem andere länger Urlaub machen. Das hier ist so ungefähr das Gegenteil von Frankfurt Hauptbahnhof.

Heimweh nach Oberstdorf, lautet der Werbespruch des südlichsten Zipfels. Und ja, Bayern hat irgendwas. Irgendetwas Heimisches, auch wenn ich kein großer Freund der CSU und des Musikantenstadls bin. Vielleicht, weil ich in Bayern gezeugt wurde, aber wahrscheinlich einfach, weil die glasklaren Seen und riesigen Berge für mich genauso wie für den Rest Deutschlands einfach kein Alltagsanblick sind? Die liebevoll geschmückten Häuser mit den hölzernen Balkonen, die friedlichen zwiebeligen Kirchtürme, der weißblaue Himmel …

Das moderne Bahnhofsgebäude scheint eins der größten im Ort zu sein, es entlässt mich in die autofreie Altstadt. Was mir sofort kritisch auffällt, ist die überdurchschnittlich hohe Anzahl an Sport- und Wäscheläden. Auf einem Poster im Schaufenster eines solchen Ladens räkelt sich eine lächelnde junge Frau in Blümchenunterwäsche auf einem Bett: »Wie groß meine Komfortzone ist? 180 x 200 cm.« Vor einem anderen steht eine modische Sweater-Jacke mit pink angehauchtem, weißbraunem Kuhmuster, an der Scheibe eines wieder anderen steht: »Hat das Blümchen einen Knick, war der Schmetterling zu dick«. Eigentlich wollte ich mich hier ja zwei Tage lang der bayerischen Ruhe hingeben und nicht mit meinen überschaubar selten stattfindenden Fitnessstudioaufenthalten konfrontiert werden … Noch härtere Worte findet die Beschriftung einer Wallfahrt-Steele neben der Kirche: »Ein Schwert wird deine Seele durchbohren.« Na danke schön! In einem Laden mit dem romantischen Namen *Elsa's Kuhstall* gibt es bunte Waschbeckenstopsel der Firma *Home Sweet Home*, die »mehr Leben für Ihr Waschbecken« versprechen, einen Kalender mit dem Namen *Ganz schön Kuhl* – »zwölf stimmungsvolle Aufnahmen« von Kühen und Servietten mit Heimat-Lebkuchenherz auf rotweiß kariertem Tischtuch. Unter dem Motto

Schimpfwörterrap gegen die Allgäuidylle hat sich die zweiköpfige Dorfjugend auf einer Parkbank versammelt und versucht, musikalisch-aufmüpfig gegen die Rentnerflut anzukämpfen. Ihr Erfolg hält sich in Grenzen. Es ist aber auch einfach zu harmonisch hier: Der Nebel, der vom Nebelhorn Richtung Tal zieht, die Stille, die Fahnen im Wind … Berlin, Köln, Bielefeld erscheinen unendlich weit weg, laut, groß, grau, flach, bebaut.

Ich setze mich in ein Café und bestelle, was könnte ich anderes tun, eine Portion Käsespätzle. Die ernst gestimmte graue Damenrunde am Nebentisch unterhält sich über die Pflegereihenfolge ihrer Kurzhaarfrisuren. Ich müsste noch einen wichtigen Anruf tätigen und habe schon das Handy in der Hand, stecke es aber wieder weg: Irgendwie ist es mir zu idyllisch hier, ich will mich jetzt nicht mit diesem Alltagskram beschäftigen. Stattdessen gucke ich dem Nebel zu und Kindern hinterher, die auf der Wiese Tauben jagen, aber sich wohl nicht fragen, was sie mit ihnen machen, falls sie unerwarteterweise eine fangen würden. Eine Stunde lang lasse ich die Idylle auf mich wirken, dann muss ich wieder Richtung Bahnhof: Um 19 Uhr fährt der letzte Bus, der mich einige Kilometer den Berg hoch zu meinem Hostel bringt. Orangefarbene Laternen leuchten den Weg von der Haltestelle zum Haus, das Plätschern eines Bachs summt mit der Ruhe um die Wette. »Da gibt es morgen Frühstück«, sagt die freundliche Rezeptionistin und zeigt auf einen im Dunkeln liegenden

Raum. Und zack, da ist es wieder, eines der typischen Reisegefühle: abends irgendwo anzukommen und zu wissen, dass morgen früh das Abenteuer ruft.

Nach dem Frühstück im inzwischen von der Sonne durchfluteten und den Blick auf einen wunderschönen grünen Hügel freigebenden Speiseraum sitzen mein Rucksack und ich wieder an der Bushaltestelle und fahren zum Eingang der Breitachklamm, die wenige Haltestellen entfernte, tiefste Felsenschlucht Mitteleuropas, die vor 10 000 Jahren durchs Wasser geformt und 1905 durch einen Weg zugänglich gemacht wurde. Meine einstündige Wanderung auf dem zweieinhalb Kilometer langen Weg beginnt an der wie ein normaler Gebirgsbach wirkenden Breitach, die auf einmal in einer irren Schlucht mündet, ein faszinierender Ort, klares, blaues Wasser rauscht durch den schmalen Fels, der enge Weg führt durch Minitunnel und über Minibrücken und endet schließlich an einer Treppe. Ich kehre um und laufe zurück durch die Klamm, bis die Breitach wieder wie ein normaler Gebirgsbach durch das Tal fließt. Abenteuer kann so einfach sein.

Warum brauchen wir immer irgendetwas oder irgendwen, der uns in den Arsch tritt? Und warum muss dieses Irgendetwas in meinem Fall ein Gegenstand mit dem Namen *Zipfelpass* sein? Dankbar bin ich ihm trotzdem und lasse ihn in der Touri-Info neben dem Bahnhof mit einem weiteren Stempel füllen.

Auf dem Rückweg in die kuhkalenderlose, normale Welt sitze ich in einem der wunderbar älteren Züge, dessen Fenster sich nach unten schieben lassen. Beglückt stehe ich davor, halte meine Nase in den Fahrtwind, es riecht nach Bauernhöfen und Land und Liebe, ein Radfahrer mit einem roten T-Shirt fährt durch die grüne Landschaft. Es pfeift, es rauscht, es windet, und ich bin ein bisschen sehr verknallt in diese kitschige bayerische Bergidylle.

KAPITEL 15

Die Abhängigkeit der Anderen

»Freiheit?!«, fragte er.

Über Nacht hatte ich mein Handy mit einem Kabel in ein Loch in die Wand gesteckt und mich selbst hinter dicken, trockenen, sicheren Mauern auf einem weichen Möbelstück niedergelassen. Nachdem ich sauberes, trinkbares Wasser über mich hatte fließen lassen, bedeckten weiche Stoffe meine Haut, und blaugrauer Himmel wartete hinter der schweren Haustür, vor der die letzte Straßenlaterne im Anblick des morgendlichen Himmels erlosch. Unter den grünen Baumwipfeln verschwanden Menschen mit orangefarbenen Westen zwischen orangefarbenen Dreiecken in einem Loch im dunklen Bodenbelag, und ein Fahrzeug ließ den Inhalt grauer Plastiktonnen in seinem Inneren verschwinden. Am Ende breiter, steinerner Stufen verschwand eine Gruppe kleiner Menschen hinter der Tür eines großen Gebäudes. An der Ecke reihten sich Fahrzeuge vor bunten Kreisen neben dem Gehweg, und unter einem quadratischen Dach nebenan steckten Menschen Schläuche in ihre Autos. Vor dem Panorama von

Fenstern mit bunten Dingen dahinter trug ein Mensch schwere Behältnisse aus eckigen, weißen Fahrzeugen in die Räume hinter den Fenstern. Hinter einer Glasfront verteilte ein anderer Mensch essbare Materialien auf einer ebenen Fläche, dahinter tauschte jemand ein flaches Stück Papier gegen eine eckige Papiertüte. Die metallischen Stufen unter meinen Füßen trugen mich einige Meter höher auf den von Menschen gefüllten Bahnsteig. Ein kleiner Mensch auf dem Arm eines größeren schaute mich mit großen Augen an.

Im Zug ließ ich mich auf ein blaues Polster fallen und nahm einen Schluck aus dem durchsichtigen, rundlichen Gefäß in meinen Händen.

»Einmal die Fahrscheine, bitte«, strömte die Stimme des Zugbegleiters durch den Waggon. Mein Sitznachbar deutete auf die schwarze Karte in meinen Händen. »Wie kommt's?«

Hinter der Scheibe zogen Lastkraftwagen auf einem grauen Streifen durch die Landschaft aus bis zum Horizont gelbleuchtenden Pflanzen.

»Freiheit?!«, fragte er, den Griff seiner Aktentasche fest umgriffen. »Von anderen abhängig zu sein ist nicht das, was ich unter leben verstehe.«

KAPITEL 16

Beethovens Fünfte

Kennen Sie Beethovens Fünfte? Symphonie, nicht Ehefrau, er hatte nie eine. Bestimmt kennen Sie die, entweder aus dem Konzertsaal oder aus der Warteschleife einer Telefonhotline. Das ist die mit den vier markanten Anfangstönen: *Na Na Na Naaa*. Geben Sie einfach in Google *Beethoven Na Na Na Naaa* ein, dann finden Sie die. (Gelobt sei die Erfindung des Internets.)

Ich sitze im Zug und höre Musik. Klassische Musik. Ich höre weniger klassische Musik, als mir guttun würde, aber in letzter Zeit habe ich sehr oft diesen einen Ohrwurm in meinem Kopf. Denn es fühlt sich so an, als sei ich im Frühjahr nicht nur aus meiner Wohnung aus- und in die Bahn eingezogen, sondern vor allem in den Orchestergraben gesprungen. Gefallen? Gestolpert? Hier sitze ich nun, und von allen Seiten donnert ein *Na Na Na Naaa* in mein Gesicht. Die Blechbläser, die Streicher, die Holzbläser, die Trommeln, sie alle beugen sich zu mir herunter, dröhnen auf mich ein, schreien mich an, mit unterschiedlicher Intensität, aber doch mit der gleichen Botschaft: *Ab-häng-ig-keiit*.

Noch nie in meinem Leben habe ich innerhalb weniger Monate so viele Gespräche über Abhängigkeit geführt. An erster Stelle steht weiterhin die Diskussion über die Qualität der Deutschen Bahn (zu spät! zu teuer! zu =?*&§%!) und ob sich diese wirklich problemfrei zur Grundlage meines Alltag machen lässt, aber direkt danach, und manchmal in direkter Verbindung damit, kommt das Ding mit der Abhängigkeit. Genauer gesagt, mit *meiner* Abhängigkeit. Meistens sind es gar keine richtigen Gespräche: Es sind Mitteilungen. Ein Kommentar, eine Bemerkung, eine verwunderte Frage, auf die ich eigentlich gar keine Antwort geben, sie nur zur Kenntnis nehmen soll.

Fast alle negativen Reaktionen, die ich auf meinen Status quo bekomme, haben mit diesem Thema zu tun, und wenn sie kommen, kommen sie stets von Menschen außerhalb meines Freundeskreises, von Menschen auf Partys, auf Konferenzen oder im Internet. Der Tenor der mir gewidmeten Symphonie ist eindeutig: Ich mache mich abhängig.

»Du machst dich ja total abhängig von der Deutschen Bahn.«

»Du machst dich ja total abhängig von den Leuten, bei denen du schlafen kannst.«

»Du machst dich ja total abhängig von deinem Freund, dass er dich nicht rausschmeißt.«

Und das sei erstens dumm, zweitens dreist, »Du schmarotzt dich also durch«, und drittens unerwachsen. Wie unreflektiert, sich abhängig zu machen, wo man nicht abhängig sein müsste.

Der Takt ist immer derselbe: Ich habe mich abhängig gemacht. Mir die Ketten umgelegt, mich ans Raumschiff gebunden, wo ich sonst frei durchs All schweben könnte.

Habe ich das?

Keiner ist gerne abhängig, auch ich nicht. Abhängigkeit ist kein schönes Wort und Abhängigkeit keine schöne Sache. Niemand hängt gerne wie eine Marionette am seidenen Faden einer externen Macht. Es gibt viele Arten, abhängig zu sein, die meisten davon sind sehr ungesund. Aber habe ich mich wirklich abhängig gemacht? Abhängiger als zuvor? Abhängiger als alle, die eigenen Wohnraum haben? Was sind eigener Wohnraum, Eigentum, Miete? Wo wir schlafen, wo wir sicher und in Frieden unsere Augen schließen und Kraft sammeln können, ist solch eine existentielle Sache, unser aller vom Lindenblatt bedecktes Stück Haut zwischen den Schultern, dass ich mich wundere, dass nicht auch noch die anderen 48 Prozent von uns Deutschen in Eigentumshäusern leben und Orte zu unserem Zuhause machen, die uns nur durch Naturkatastrophen oder unglückliche Unfälle, aber nicht durch die Willkür eines Vermieters, die Tyrannei nerviger Nachbarn, die Tragik einer zerbrochenen Beziehung oder den Verlust eines verstorbenen Menschen genommen werden können. Doch wenn ich abends mit Kathi und der WG auf dem Sofa sitze, mit Isa durch Würzburg schlendere, bei meinem Freund, bei meiner Familie bin, fühle ich mich nicht abhängig. Ich fühle mich mittendrin, und ich fühle mich als Gast. Und ist das nicht das, was wir alle auf diesem Planeten sind? Ich fühle mich verbunden. Die Welt ist kein karierter Collegeblock, auf dem sich die Komponenten unseres Lebens berechnen lassen, nichts, was sich quantifizierbar machen und als Prozentzahl darstellen lässt. Ich bin abhängig, immer noch und weiterhin. Ich fühle nicht, dass ich jetzt abhängiger bin als vorher. Ich bin es nur anders, und ich nehme es mehr wahr. Ich gucke den Leuten, die mir den offensichtlichsten Teil dieser Freiheit ermöglichen, jeden Tag in die Augen. Ich kenne die Menschen, die die Lebensmittel anbauen, die ich esse, die die Kleidung herstellen, die ich trage, die die Züge zusammenbauen, in denen ich durch dieses Land fahre, immer noch nicht. Existieren tun sie trotzdem, und meine Wohnungslosigkeit schärft meinen Blick dafür. Und meine Dankbarkeit.

Ich bin jemand, der gerne alleine ist. Nicht nur, nicht immer, aber Gott, ich brauche das Alleinesein, in nicht regelmäßigen, aber sehr wichtigen Abständen. Ich liebe es, mich ins Getümmel zu stürzen, und ich liebe es, alleine zu sein. Ich liebe es, auf der Tanzfläche rumzuwirbeln, und ich liebe es, am Rand einer Feier zu sitzen und das größte Glück darin zu empfinden, das Leben zu beobachten. Ich bin nicht gerne abhängig, aber ich bin gerne verbunden. Ich möchte gar nicht ohne sein. Ohne die Verbindungen, die Verbundenheit. Ohne die wunderbaren Menschen, ohne meine Freunde und Familienmitglieder, Schulkameraden und Kommilitonen, Lehrer und Dozenten, ohne die Menschen, die ein herzliches Wort wechseln und sich dann nie wiedersehen, ohne die Menschen, die irgendwo sitzen, stehen, gehen, die einfach nur so, durch irgendein Detail, von dem sie nie wissen werden, so unglaublich inspirierend sind, wie die Dame mit der gelben Strumpfhose und dem roten Hagebuttenast auf der Rolltreppe gestern, und ohne die Menschen, die ihre Leidenschaft und Arbeit in die Musik in meinen Kopfhörern stecken, und ohne die, die ihre Leidenschaft und Arbeit in die Herstellung meiner Kopfhörer investiert haben. Und auch nicht ohne die Menschen, die mir zeigen, wie ich nie sein oder leben möchte. Gerade ohne die nicht. Was bin ich, wenn nicht eine Ansammlung aller inspirierender und verstörender Dinge und Sachverhalte und Menschen, die mir je begegnet sind, und eine ordentliche Prise undefinierbarer Größe dessen, was ich daraus mache, ein bisschen mehr als die Gesamtheit meiner Erfahrungen?

Zwischen all den Widersprüchen unseres modernen Lebens kommt mir nichts so widersprüchlich und undurchsichtig vor wie unsere Freiheit. Wir jonglieren mit diesen

Wörtern herum wie mit Spielkarten in der Stammtischrunde, und ich habe keine Ahnung, ob wir überhaupt den Ansatz einer Ahnung haben, was sie bedeuten. Was sie bedeuten können auf dieser Welt und was sie für uns gerade bedeuten, in diesem Land, zu dieser Zeit. Welche Dimensionen sie haben. Welchen Wert hätte die Freiheit, wäre sie unendlich? Und wer wären wir ohne die Menschen um uns herum?

Vielleicht sind das die großen Illusionen unseres Lebens: Freiheit zu glauben, wo sie nicht existiert, und Abhängigkeit zu meinen, wo sie keine ist. Schon 1893, da war Beethoven bereits ein paar Jahrzehnte tot, fand es der mitten in dem Beginn der Industrialisierung lebende französische Soziologe Émile Durkheim höchst interessant, dass wir noch nie so abhängig voneinander waren und noch nie so einen Individualitätsdrang verspürt haben, wie wir es heute tun. Vielleicht ist es auch nicht die Abhängigkeit, sondern einfach die Verbundenheit, die wir alle zu- und miteinander haben, trotz aller reeller Individualität, die uns so Angst macht. Die auch mir manchmal unheimlich ist, wenn ich sehr genau darüber nachdenke. Die komische Mischung aus dem Wissen, in einem der sichersten, fairsten, demokratischsten und friedlichsten Länder der Welt zu leben, und der Ahnung, letztendlich dem Unwissen darüber, wie dünn die Eisschicht ist, auf der unser System gebaut ist, der Frage, wie stabil sie ist, wie lange sie hält, und der Gewissheit, in freier Wildbahn ungefähr eineinhalb Tage überleben zu können, bevor der Problembär mich frisst, weil ich es garantiert nicht schaffe, ihn zu fressen. Ich kann Klavier spielen, aber ich habe keine Ahnung, wie ein Orchester funktioniert. Ich könnte Isa fragen oder das auf YouTube nachgucken, aber auch da könnte mir niemand erklären, wie genau das sein kann, dass die Berührung eines Materials solch wunderbare Klänge erzeugt, die auch noch von quasi allen Menschen als schön empfunden werden. I have no fucking idea.

Wahrscheinlich sind wir alle viel mehr Kinder der Umstände, als uns lieb ist. Auch ich finde etwas zutiefst Verunsicherndes in der Tatsache, von viel mehr Menschen und viel mehr Umständen abhängig und mit diesen verbunden zu sein, als ich mir jeden Tag eingestehe und mir je ehrlich vor Augen führen könnte. Nur, diese Abhängigkeit, diese Verbundenheit ändert sich kaum. Sie hat nichts mit meiner Wohnungslosigkeit zu tun, sie ist immer da. Sie war immer schon da, bei uns allen. Und jeder Mensch und jeder Umstand, mit dem wir verbunden sind, ist mit mindestens genauso vielen Menschen und Umständen verbunden wie wir. Doch wie abhängig sind wir von uns selbst? Von unseren Gedanken, unseren Ideen, unseren Gewohnheiten, unserem Willen, sie zu verändern, zu verstärken oder einen guten Weg zu finden, sie zu minimieren? Von unserem Mut, ehrlich zu uns und anderen zu sein, von dem Mut, aufrichtig zu kommunizieren? Das hier ist eine Erfahrung, deren Erkenntnisse ich nicht missen möchte. Ich bin hier, ich bin abhängig, ich bin verbunden, ich bin frei, und all das ist so beängstigend wie wunderbar. Und wahrscheinlich machen uns das Ende unserer Abhängigkeit und der Anfang unserer Freiheit viel mehr Angst als all der Raum unserer Verbundenheit. Wahrscheinlich ist es viel beängstigender, dass wir immer wieder rausfinden können, ja müssen, wo unsere Freiheit anfängt und unsere Abhängigkeit endet. Weil wir uns oft nicht trauen, es auszutesten, es herauszufinden. Die konstante Anwesenheit der Tatsachen, Teil einer Gesellschaft zu sein, und der Möglichkeit und manchmal notwendigen Anmaßung, sich von einer Verhaltensweise eben jener Gesellschaft bewusst abzuwenden. Wer seinen kleinen Finger ins Sonnenlicht streckt, könnte feststellen, dass es viel mehr Wärme und Energie da draußen gibt, als wir bisher kannten.

Vielleicht wollen diese Menschen im Orchestergraben über meine Abhängigkeit und damit indirekt ihre Freiheit reden, weil es ihnen umgekehrt unangenehm wäre? Weil sie vielleicht feststellen würden, dass da eigentlich kein großer Unterschied zwischen uns ist. Oder vielleicht doch einer. Auf wessen Seite? Durch wessen Entscheidung? Nichts tut so weh wie der fehlende Mut, etwas auszuprobieren, und die immer wiederkehrende Erinnerung daran, es nicht gewagt zu haben. Vielleicht ist Leben genau das: unsere Abhängigkeit, Verbundenheit und Freiheit zu erkennen und vor lauter Verbundenheit die Freiheit nicht zu übersehen. Mir einzureden, dass ich von nichts und niemandem abhängig sei, und währenddessen zu übersehen, wie tiefgreifend frei ich wirklich bin, ist jedenfalls nicht das, was ich unter Leben verstehe. Und das Chaos auf diesem Planeten hier wäre nicht unser Leben, wenn wir nicht verbunden wären. Eine ziemlich große Schicksalssymphonie eben. Das Schicksal des Menschseins.

KAPITEL 17

Ich kann dein Held sein, Baby

Menschen, die bei der Bahn arbeiten, fahren selbst sehr selten Bahn. Das erkennt man daran, dass bis dato noch keiner von ihnen einen Fitness-Waggon erfunden hat, in dem man seine sorgfältig aus der Weltpolitik, dem schlechten Wetter und unnötig nervigen Mitmenschen zusammengestellte schlechte Laune in ein an das Stromnetz des Zuges gekoppeltes Rennrad investieren kann. Dabei wäre das überaus sinnvoll, denn je mehr Leute schlecht drauf sind, desto schneller würden wir fahren, und könnten dann ja umso schneller wieder irgendwo aussteigen, und heutzutage gibt es ja wirklich wahnsinnig viele Gründe, schlecht drauf zu sein.

»Das muss ja sehr anstrengend sein«, höre ich nun oft, »so viel Bahnfahren.« Dabei ist das Leben an sich ja eigentlich die anstrengende Sache und Bahnfahren auch bei mir weiterhin nur ein überschaubarer Teil davon, und auch nur dann anstrengend, wenn ich selbst oder die anderen Leute aufgrund ihres Lebens gerade schlechte Laune haben, aber irgendwie sieht das keiner.

Es gibt seltene Tage, an denen mir das Unterwegssein ein bisschen weniger Spaß macht als sonst, und es gibt richtig seltene, aber dafür besonders intensive Tage, Tage wie heute, an denen es mir überflüssig vorkommt: Ich fahre von Berlin nach Tübingen, um eine Statistikvorlesung zu besuchen, die ich garantiert auch in Berlin oder irgendwo anders besuchen könnte, aber da wird sie mir eben nicht angerechnet, denn dort bin ich nicht eingeschrieben. Bin ich selbst dran schuld, ich weiß, aber irgendwie das System auch ein bisschen.

Das Ganze wäre vielleicht gar nicht so dramatisch, würde ich nicht so viel Glück haben und in einem dieser besonders harmonischen Züge sitzen, dessen kollektiver Psyche die Stabilität von ungetoastetem Toastbrot innewohnt. Die Anwesenheit in diesem Gefährt gleicht dem atemberaubenden Gefühl, auf einer vollen, langsamen, kilometerlangen Rolltreppe eingesperrt zu sein, hier sitzen wir, in unserem friedlichen, sicheren Industriestaat, gefangen in unserem Mobilitätsluxus, keiner will wirklich hier sein, keiner will wirklich irgendwo sein. Ab irgendeinem Punkt lässt sich nicht mehr sagen, wer genau mit der schlechten Stimmung angefangen hat, und heute ist so ein Tag, an dem von Anfang an niemand den Hauch einer Ahnung hat, warum gerade alles so ist, wie es ist. Vielleicht liegt es auch an mir, aber da möchte ich jetzt erst mal lieber nicht von ausgehen. Grundsätzlich sind ja immer erst mal die anderen schuld, so auch heute. Manche Menschen machen es einem aber auch wirklich nicht leicht: Sie fahren Zug mit der gleichen aggressiven Ernsthaftigkeit und verbissenen Miene, mit der sie erst den Mallorcaurlaub mit Entspannungsgarantie buchen und dann die Liege am Pool mit ihrem Handtuch annektieren, und das Recht auf schlechte Laune haben sie gemeinsam mit ihrer Fahrkarte am Automaten ausgedruckt. Auch der Wettergott scheint kein Bock auf gar nix zu haben, er hat eine graue Glühbirne eingedreht und sie dann noch mit Klebeband dekoriert, was für die Energieversorgung unseres Ambientes nicht gerade hilfreich ist. Vielleicht ist nationaler Ernst-des-Lebens-Feiertag, auf jeden Fall scheinen alle hier nur darauf zu warten, dass ihre Köpfe explodieren. Mein Handy hat mehr Prozent seines Akkus übrig als ich, und wenn mir noch ein einziges Mal ein Lautsprecher sagt, in welchem verdammten Wagen sich das verdammte Bordbistro befindet, verschiebe ich es zwei verdammte Wagen in Fahrtrichtung. Achtunddreißig ist sowieso das neue sechsunddreißig. Apropos, Hunger habe ich auch.

Zu allem Überfluss zoomt es, und unsere fröhliche Kaffeefahrt betritt einen Tunnel, dessen Innendekoration mindestens genauso gute Laune versprüht wie wir. Die Neonröhren an der Wand rauschen vorbei wie die Boten einer Zeitmaschine, leider einer sehr langsamen, wahrscheinlich aus dem vorletzten Jahrhundert, aus Ausblick wird Einblick, mein dreifach verzerrtes Spiegelbild starrt mich an, und das all der anderen, die jetzt leider auch noch mehr geworden sind. Mit so viel Harmonie komme ich einfach nicht klar, und so verkrieche ich mich in den Flur, um mich auf die Stufe vor der Tür zu setzen.

Für Fahrten wie diese habe ich mir ein Standardprotokoll angeeignet, das aus zwei Schritten besteht. Den zweiten versuche ich, nur im äußersten Notfall anzuwenden, weil ich es immer erst mal ohne versuchen will, Resilienztraining und so. Der erste Schritt besteht daraus, mich irgendwohin zu setzen, die Augen zuzumachen und meiner Meditationsapp zu lauschen. *Einatmen, ausatmen*: Ich bin zwar gerade nicht da, wo ich sein will, aber ich bin wenigstens auf dem Weg dahin. Wobei, nee, eigentlich auch das nicht. Üblicherweise ist Schritt eins ein erfolgreiches Unterfangen, nur heute komme ich selbst nicht mal ansatzweise über die Ironie meiner Situation hinweg: Mit schlechter Laune und einer Jahreskarte im Hochgeschwindigkeitszug zu sitzen und mir von einer Meditationsapp durch meine geräuscheliminierenden Kopfhörer erzählen zu lassen, wie ich richtig atmen soll. Ist das nicht das Symbolbild unserer modernen Gesellschaft? Kinners, wo soll das alles hinführen.

Gerade war ich hier noch halbwegs alleine, jetzt macht sich eine Gruppe Rentner daran, meine noch nicht mal vorhandene Ruhe zu stören. Neulich haben wir im Statistikkurs besprochen, wie man bedingte Wahrscheinlichkeiten berechnet. Die Wahrscheinlichkeit, nicht auf der Seite in der Tür zu sitzen, auf der sich am nächsten Bahnhof der Bahnsteig befinden wird, unter der Bedingung, dass der Zug auf das reguläre Gleis einfährt, ist das Ergebnis der Ausstiegsrichtung unter der Bedingung, dass ich mich korrekt an diese erinnere, mal die Wahrscheinlichkeit, dass der Zug auf das reguläre Gleis einfährt. Oder so ähnlich. Egal was das Ergebnis dieser Rechnung ist, beträgt die Wahrscheinlichkeit, dass sich zehn Minuten vor regulärer Ankunft schon mal eine Traube von Leuten vor die Tür stellt, weil sie, wie sie mir deutlich zu verstehen geben, laut Fahrplan »gleich hier rausmüssen«, obwohl wir zwanzig Minuten Verspätung haben, jedoch jedes Mal über neunzig Prozent. Motiviert von dem Motto eines Geldinstituts mache ich den Weg frei und suche mir zwei Waggons weiter eine Tür, die noch niemand voreilig in Beschlag genommen hat. Schweren Herzens überrede ich mich zu Schritt zwei. Jetzt hilft nur noch eins: nervige Musik.

Ich bin überzeugt davon, dass sämtliche schlechte Stimmung in den öffentlichen Verkehrsmitteln dieses Planeten mit einer Fünf-Minuten-Terrine unpassender Musik nahezu eliminiert werden könnte. *Rolltreppenhochfahrmusik* nämlich: Meine während diverser Horrorfahrten fein säuberlich zusammengestellte Playlist, deren Herausforderung darin besteht, jedes Lied möglichst lange laufen zu lassen, ohne jemanden in meiner Nähe mit meinem Handy zu erschlagen oder mir irgendwann das ehrliche Grinsen über die Ironie des Universums nicht mehr verkneifen zu können. Minus mal minus macht plus.

Die ersten Takte von *Take on me* und Whigfields *Saturday Night* halte ich nicht mal fünf Sekunden aus.
»Was ist los mit dir mein Schatz?«, fragen Trio. »Geht es immer nur bergab?«
Hör auf. O mein Gott, hör auf.
»Hier sind wir, du und ich«, singt Enrique Iglesias. »Höhen und Tiefen, aber vielleicht bekommen wir es dieses Mal hin. Es ist den Kampf wert.«
Da bin ich mir nicht so sicher.
»Wenn es sich nach weggehen anfühlt, werde ich dich nicht aufhalten.«
Vielen Dank, du Arsch. Du weißt genau, dass ich hier gerade nicht wegkann.
»Aber bald wirst du feststellen, du kannst rennen, du kannst dich verstecken …«
Wo denn?! Wohin denn?!
»… aber du entkommst meiner Liebe nicht.«
Wenn dem so wäre, wäre das gerade auch mein geringeres Problem.
»Nanananana«, singt Ronan Keating. »Das Leben ist eine Achterbahn, du musst sie einfach fahren.«
Lass mich in Ruhe. Ich will nie wieder irgendwas fahren.
»Ich glaube, jetzt ist es Zeit für mich aufzugeben«, singen Take That. »Ich fühle, es ist Zeit.«
Meine Meinung …
»Habe ein Bild von dir neben mir, deine Lippenstiftspuren immer noch auf deiner Kaffeetasse, oh yeah.«
Schimmeln die nicht schon?

»Habe eine Faust voller purer Emotion.«
Was soll das denn sein?
»Habe einen Kopf voll zerbrochener Träume.«
Das kenne ich ...
»Muss das lassen, muss das alles jetzt hinter mir lassen.«
Ich euch auch.
»Was auch immer ich getan habe, was auch immer ich gesagt habe, ich habe es nicht gemeint.«
Das ist so typisch Mann!
»Hast du etwas Zeit für mich?«, fragt Nena.
Eigentlich nicht.
»Dann singe ich ein Lied für dich.«
Passt schon, danke.
»Von 99 Luftballons ...«
So viele, wow ...
»... auf ihrem Weg zum Horizont.«
Ah, na da möchte ich gerade auch schnell hin.
»Denkst du vielleicht grad' an mich?«
Jetzt schon, ja.
»Dann singe ich ein Lied für dich.«
Och, das muss wirklich nicht ...
»Von 99 Luftballons ...«
Schon wieder ...
»... auf ihrem Weg zum Horizont.«
Dödödödödö, dödödö ...
»I can be your hero, baby«, singt Enrique.
Dann hol mich hier raus!!

Aber Enrique singt nur und tut nix.

Und dann, endlich, als *Rudolph the Red-Nosed Reindeer* beginnt, durch meine Kopfhörer zu hüpfen, kann ich nicht mehr anders: Ein ehrliches Grinsen bahnt sich den Weg durch mein Gesicht. Das Leben ist eine komische Sache, und manchmal auch eine sehr anstrengende, aber ich möchte es gegen nichts tauschen.

KAPITEL 18

Oben, unten, links, **rechts**

Es gibt diese Fahrten, die wegen ihres Ziels ein bisschen mehr Alltag sind als andere, und es gibt die, an deren Ende ein Abenteuer wartet. Ein Verschluckt-Werden, ein In-einer-anderen-Welt-Abtauchen, ein Ganz-weit-weg-Sein.

Es ist sehr dunkel, und es ist sehr ruhig, spätabends im historischen Jugendstil-Bahnhof von Görlitz, eröffnet 1847. Ich bin im östlichsten Zipfel unserer Republik, neunzig Kilometer östlich von Dresden, 56 000 Einwohner. Orangefarbenes Laternenlicht strahlt von der Straße durch die abgerundeten, länglichen Fenster in der hohen Halle, an deren Decke ein gemaltes blaues Muster thront. Die kleine Straßenbahn bringt mich in ein paar Minuten in Richtung Altstadt, dann wandere ich über Kopfsteinpflaster durch die surreal schönen Gassen voller historischer Häuser, hier und da brennt ein Licht in ihren Fenstern. Die Jugendherberge versteckt sich hinter einer schweren hölzernen Tür in einer ebenso hübschen Häuserfront. Ach, was muss das für eine andere Art des Reisens gewesen sein, als man vor ein paar Jahrhunderten noch durch Wälder wanderte, durch kerzenbeleuchtete Gassen schritt, an den Türen der Herbergen klopfte und zwischendrin durch nach Abwässern stinkende Straßen ritt. Oder so ähnlich. Ich bin ja eigentlich froh über die hygienischen Errungenschaften unserer Zeit, aber so eine kurze Zeitreise ...

Morgens stehe ich, wie es sich gehört, pünktlich zehn Minuten vor Ende der Frühstückszeit im schulklassengefüllten Speiseraum. Noch nie war die Zeit auf meiner Uhr so akkurat wie hier: In Görlitz geht nicht nur als Erstes in Deutschland die Sonne auf, über eine halbe Stunde bevor sie sich im Westzipfel des Landes zeigt, durch die Stadt verläuft auch der fünfzehnte Meridian östlicher Länge, er bestimmt die MEZ, die Mitteleuropäische Zeit. Okay, meine Uhr tickt nur fast richtig: Noch gilt die Sommerzeit, und erst ab Ende Oktober wäre meine Uhr hier wieder komplett pünktlich. Erst 1884 wurden die Zeitzonen, in die unsere Welt heute aufgeteilt ist, in den USA erfunden, und erst seit Kaiser Wilhelm 1893 das *Gesetz betreffend die Einführung einer einheitlichen Zeitbestimmung,* und damit sich eine gemeinsame Zeit für das ganze Deutsche Reich durchsetzte, haben nicht mehr sämtliche Städte und damit auch sämtliche Bahnhöfe ihre eigene Zeit. Wesentlicher Grund für die Notwendigkeit einer solchen gemeinsamen Zeit war die durch die im selben Jahrhundert etablierten Eisenbahnen immer schneller werdende und immer mehr Menschen ermöglichte Mobilität. Bis dahin dauerte das Unterwegssein so lange, dass es auf ein paar Minuten nicht ankam, eine Zeitlang informierten Hinweisschilder oder Uhren aus verschiedenen Städten die Fahrgäste darüber, wie genau die Ankunftszeit des Zuges an ihrem Bahnhof zu berechnen sei.

Zu Beginn einer Reise nach Polen, dessen nichtwestlichste Stadt Zgorzelec wenige hundert Meter entfernt auf der anderen Seite der Neiße beginnt, war ich schon mal eine Nacht hier und möchte nun nachholen, was ich damals nicht geschafft habe: an einer Führung teilnehmen. Görlitz ist das größte begehbare, bewohnte, belebte Denkmal unseres Landes, eine Altstadt aus 4000 denkmalgeschützten Häusern aus 500 Jahren Geschichte, aus Gotik, Renaissance, Barock, Jugendstil und Gründerzeit. Im Gegensatz zu Rothenburg ob der Tauber, das im Krieg zu fünfundneunzig Prozent zerstört und dann wiederaufgebaut wurde, besteht Görlitz aus wirklich historischen Häusern, wie unser Guide betont. Ein bisschen Passau, nur ohne schöne Flüsse, ein bisschen Tallinn, nur ohne den Berg, ein bisschen so, wie ein Großteil unserer Städte ausgesehen haben muss, bevor die Weltkriege ihren Geist wegbombten. Dass wir durch diese wunderschönen Gassen gehen können, ist vor allem drei Dingen zu verdanken: Geld, Geschick und Glück. Zuerst waren es jahrhundertelang schlaue Kaufleute, die die ökonomische Unsinnigkeit des Krieges sahen und stattdessen die Armeen ausbezahlten, die im Laufe der Jahrhunderte drohend vor der Stadt standen. Auch die örtlichen Kirchen zeigten sich flexibel und wechselten einfach mehrmals die Konfession, je nachdem, welcher Herrscher gerade welche Religion für angemessen hielt. Was mehrere Jahrhunderte und zahlreiche Kriege, auch die beiden Weltkriege, nicht schafften, holten dann vierzig Jahre DDR im Handumdrehen nach: Vollkommen verwahrlost bröckelte die Altstadt vor sich hin, nirgendwo wurden so viele Ausreiseanträge gestellt wie in Görlitz. Mit der Wende kamen nicht nur der Denkmalschutz und die Menschen zurück, sondern auch das Geld: Seit 1995 spendete jährlich ein unbekannter Kulturliebhaber erst eine Million Mark und dann 500 000 Euro, die sogenannte Altstadtmillion, für die Rettung und Sanierung der denkmalgeschützten Gebäude. Nun floss nach einundzwanzig Jahren die letzte Überweisung auf das Konto der Stadt.

Auch die nationale und internationale Filmindustrie hat die verschiedenen historischen Gesichter der Stadt zu schätzen gelernt und hier seit der Wende über hundert Filme gedreht. Wir laufen vorbei am Rathaus und dem Hotel Börse, in dem die Darsteller von Wes Andersons *Grand Budapest Hotel* übernachteten, während der Großteil des Films in dem gerade in Renovierung befindlichen Jugendstilkaufhaus vor den Toren der Altstadt gedreht wurde, an dem ich gestern auf dem Weg zur Jugendherberge vorbeigefahren bin. Auch Teile von *Inglourious Basterds*, *Die Bücherdiebin*, *Der Vorleser* und *In 80 Tagen um die Welt* wurden hier gefilmt. Inzwischen hat sich die

Stadt den Spitznamen *Görliwood* markenrechtlich sichern lassen, nur die großen, weißen Buchstaben in der Landschaft fehlen noch.

»Schauen Sie sich durch die Fenster die Decken an«, sagt unser Guide immer wieder. Und tatsächlich, in jedem einzelnen Gebäude, in Wohnhäusern, in Restaurants und Läden, schmücken historische, jahrhundertealte Malereien die Decke.

Auf dem Tisch eines Ladens, an dem wir vorbeigehen, verfangen sich meine Augen in einem bekannten Anblick: *Die Geschichte einer Straße – Eine Reise durch die Jahrtausende.* Eines der Kinderbücher, an das ich mich am besten erinnere: Auf jeder Doppelseite sieht man die gleiche Straße am Rande eines Flusses, auf jeder Doppelseite in einer anderen Epoche, angefangen mit einem steinzeitlichen Lager über die ersten Bauern, die Eisenzeit, die Römer, die Völkerwanderung, die Wikinger, das Mittelalter, die Zeit der Pest, man sieht Kunst und Kultur, die industrielle Revolution bis zum Wachstum im 19. und dann in unserem Jahrhundert, ein ständiges Auf und Ab von Krieg und Frieden, Wohlstand und Hunger, von Kultur und Krankheiten. Die letzte Seite besteht aus gläsernen Wolkenkratzern, einem Flugzeug am Himmel, einer Eisenbahn im Museum. Wie wohl in ein paar Jahrhunderten die neusten Seiten aussehen werden? Görlitz scheint auf der Doppelseite von Kunst und Kultur stehengeblieben zu sein. Wir weichen auf den Bürgersteig aus, um zwei vorbeifahrenden Autos Platz zu machen, ein seltenes Spektakel. »Immer wenn sich hier zwei Autos begegnen, haben wir Rushhour«, grinst der Guide. Tatsächlich gibt es hier sehr wenig motorisierten Verkehr, wenig Fahrzeuge, die die Straßen zuparken. Man würde es nicht vermuten, aber einige Straßen weiter liegt der erste Kreisverkehr der Welt, der Brautwiesenplatz, durch den schon seit 1899 die Autos kreisen, mehrere Jahre vor den ersten in Paris und New York.

Es gibt noch irgendetwas, was hier anders ist, nur was, das wird mir erst gegen Ende der Führung klar: keine typische Werbung. Keine bekannten Läden in der Altstadt. Kein Nanu-Nana, kein H&M und kein geschlossener Schlecker. Vor den Toren der Altstadt, ja, aber hier laufen wir nur vorbei an lokalen Restaurants, Einzelhandelsläden, Museen und sehr vielen Wohnhäusern. »Einhundert Jahre Reaktionszeit gelten in dieser Stadt als hektisch«, scherzt unser Tourguide und erzählt von dem seit Jahrhunderten etablierten gemütlichen Arbeitstempo der Verwaltung. Warum sollte man auch zu schnell etwas Neues beschließen, wenn man doch gar nicht weiß, ob sich das auf Dauer wirklich lohnt?

Kurz bevor unsere Führung vor der Peterskirche mit den vierundachtzig Meter hohen Türmen endet, erklärt er, das Wohnen in den denkmalgeschützten Häusern habe natürlich seinen Preis. »Hier müssen Sie schon von fünf Euro pro Quadratmeter ausgehen«, grinst er schelmisch.

»Wir ziehen demnächst wieder um. Ich weiß noch gar nicht, in welche Wohnung, meine Frau kümmert sich darum.«

Und ich weiß auch noch nicht, wann, aber irgendwann möchte ich diese Stadt für wunderbare ein, zwei Monate zu einem temporären Zuhause machen. Ein Leben auf einer anderen Seite des Buchs.

KAPITEL 19

Da sein 2.0

Das Wintersemester beginnt unspektakulär: Fünf Monate ist es jetzt her, dass ich Stuttgart mehr oder weniger verlassen habe. In den Semesterferien war ich naturgemäß weniger in der Gegend als im Semester, habe Freunde in verschiedenen Städten besucht, unterwegs an Hausarbeiten gearbeitet, Kisten in Bielefeld aussortiert, ein paar zumindest. In der Mitte der Semesterferien habe ich zum ersten Mal nach fast vier Monaten Bahn-Nomadentum eine ganze Woche an einem Ort verbracht, was mir nur aufgefallen ist, weil ich mich nachträglich wunderte, dass in dieser Woche nur ein einziger Ort in meinem Kalender stand. Ich fühle mich immer noch nicht unruhig, immer noch nicht rastlos, immer noch zu Hause an so vielen Orten, in so vielen Wohnungen. Meine Stuttgarter Wohnung hingegen habe ich noch keine einzelne Sekunde vermisst, und das Gefühl, Stuttgart überstürzt verlassen und den Lebensabschnitt hier zu schnell beendet zu haben, ein Gedanke, dessen Eintreten ich irgendwann im Sommer mal befürchtet hatte, ist immer noch nicht da, wird es auch nie sein. Ich hatte eine tolle Zeit hier, in dieser Stadt und in meiner Wohnung; die Zeit, in der ich hier gewohnt habe, ist vorbei, aber die Verbindung zu den Menschen ist es nicht. Stuttgart ist immer noch die Stadt mit den Gedichten an den Straßenbahnwänden, mit den wohlig bekannt klingenden, komischen Haltestellennamen.

Kurz nach Beginn des Semesters sitzen meine Mutter und ich auf dem Weg zu einer Familienfeier gemeinsam im Zug auf dem Weg nach Stuttgart, was wir bestimmt Jahre nicht mehr gemacht haben. Es ist nicht das erste Mal, dass ich Besuch habe, aber doch immer wieder komisch, ein bekanntes Gesicht zu sehen, wo ich normalerweise niemanden kenne, alleine bin. Jedes Mal verfestigt sich das Gefühl, dass es anders ist. Dass ich mich wie ein normaler Fahrgast fühle, nicht so zu Hause, wie sonst.
Als ich so aus dem Fenster schaue und unser Zug den Tunnel am Fuße des Killesbergs verlässt, meine Mutter in ihre Zeitung vertieft, sendet der Ausblick hinter dem Fenster einen unerwarteten Gedanken an mein Gehirn: Das habe ich ja schon mal gemacht.

Keine Wohnung zu haben, in Deutschland.
Beziehungsweise, zwar eine zu haben, in der ich aber nicht lebe.
Warum wird mit das erst jetzt klar?

Zwei Jahre ist es jetzt her, dass meine Großmutter nach längerer Krankheit verstarb, drei Monate nachdem ich von meiner Weltreise »zurück«gekehrt war. Es war ein *Zurück,* weil sich hier kaum etwas geändert hatte, es war auch ein *Nie-wieder-wie-Vorher,* weil das, was sich verändert hatte, der gesundheitliche Zustand meiner Großmutter war, die auf ihren 98. Geburtstag zuging. Es war eine intensive, überaus seltsame Zeit, die komische Mischung aus Wieder-da-Sein nach neun Monaten Reise, aus Wiedersehensfreude und Sich-fremd-Fühlen, aus der Tragik des Status quos und der Dankbarkeit für die verbleibenden Momente. Den Vertrag mit meiner Untermieterin hatte ich verlängert, nach den neun Monaten unterwegs schlief ich drei Monate lang auf dem Sofa im Wohnzimmer meiner Oma und kümmerte mich zusammen mit Verwandten und dem Roten Kreuz um sie. Es war ein Zuhause, ein riesiges Zuhause, das ich mit ihrem Tod hier verloren habe. Das Ende eines Abschnitts, in dem ich nie wieder leben kann. Vielleicht ist es mir im Frühjahr so verhältnismäßig leichtgefallen, meine Wohnung hier aufzugeben, vielleicht ist das Gefühl des überstürzt verlassenen Lebensabschnitts immer noch nicht da, weil es sowieso schon anders war? Weil diese Stadt schon anders war, als ich die letzten eineinhalb Jahre vor meinem Auszug hier gewohnt habe, nur noch ein Abbild dessen, was sie mal für mich war. Die Telefonnummer, die nicht mehr funktioniert, hinter der es keine Stimme mehr gibt, den Ausblick nachts vom Sofa, das Gefühl des Stoffbezugs, das einsame orangefarbene Laternenlicht hinter den Gardinen und den Bäumen, das ich nie wieder sehen werde, das Treppenhaus, das nun nirgendwo hinführt. Sie ist nicht lange her, diese Zeit, aber durch alles Neue, erst durch den Beginn meines Studiums, dann durch den Beginn meines BahnCard-Zeitalters, in eine vergessene Ecke meines Gedächtnisses gerückt.

Müsste es noch weh tun?

Das Wunder der Vergänglichkeit.
Die Verwirrung über die Zeit.
Die Tatsache der Entwurzelung.
Es wird nie wieder so sein, wie es war.
Die Erkenntnis, dass sich Orte eben doch ändern.
Die Gnade, an einen Ort zu passen, dort gelebt und etwas erlebt zu haben, solange man die Möglichkeit dazu hatte.
Ich bin dankbar.

KAPITEL 20

Leben ist tödlich

Es soll Menschen geben, die aus Zugfenstern hinaus verrückte Dinge beobachten. Unfälle. Ehestreits. Verbrechen. Mein Leben ist auch ein bisschen wie *Mord im Orientexpress*, nur ohne Mord und ohne Orient. Stattdessen sehe ich andere Sachen. Brieftauben zum Beispiel. Kurz vor Mannheim starren sie mich an, als ich in einer einzelnen Sekunde aus dem Fenster schaue.

Manchmal sitze ich einfach im Zug und frage mich Dinge. Ob Brieftauben nur nach Hause finden, weil sie auf dem Weg weg davon blind gemacht werden. Ob andere Müller-Familien sich am Telefon auch mit »Müller?« – »Ja, hier auch« begrüßen und wie groß wohl die Wahrscheinlichkeit ist, dass irgendjemand auf der Welt gerade das gleiche Lied an der gleichen Stelle hört wie ich.

Heute habe ich mich gefragt, wie lang das Leben ist.

Ich glaube nicht, dass das Leben kurz ist.
Ich glaube, dass es sehr kurz sein kann, aber auch sehr,

sehr lang, bei den meisten Menschen in unserem Industriestaat verhältnismäßig lang ist und dass die wunderbar hohe Wahrscheinlichkeit, viel Zeit zu haben, wahrscheinlich im Großen und Ganzen unsere größte Herausforderung ist. Das ist es, was uns am meisten verunsichert. Weil sie uns Raum zum Verschieben lässt, der uns nicht warnt, wenn wir die Grenze zwischen einer noch nicht genutzten und einer verpassten Möglichkeit überschreiten.

Irgendwann werde ich tot sein. Das weiß ich. Ich weiß nicht, wie das sein wird, aber ich weiß, dass es sein wird. Ich vermute, dass es mir egal sein wird, wenn ich tot bin, aber ich bin mir sehr sicher, dass es mir nicht egal sein wird, wie ich gelebt habe, wenn ich sterbe.

Vor kurzem habe ich gelesen, dass Grönlandhaie bis zu 400 Jahre alt werden können. 400 Jahre. Was machen die die ganze Zeit? Denken die auch Dinge wie »Das mache ich, wenn … das Auto abbezahlt ist, die Kinder aus'm Haus sind, der Wechselkurs oder das Wetter besser sind«? Ganz zu schweigen von dem Nachteil, erst im Alter von 150 Jahren geschlechtsreif zu werden. Irgendwo zwischen Eintagsfliege und Grönlandhai leben wir unsere durchschnittlich 78,4 (sorry, Männer) bis 83,4 Jahre, davon schlafen wir vierundzwanzig, sehen zehn fern, arbeiten acht, fahren ungefähr zweieinhalb Jahre Auto und putzen sechzehn Monate lang unsere eigenen vier Wände. Grönlandhaie machen das meiste davon nicht, und auf mich machen sie einen ziemlich zufriedenen Eindruck. Oder ihnen ist einfach sehr vieles egal.

Vielleicht ist das Dramatischste, was den meisten von uns passiert, sehr alt zu werden und es vorher zu wissen. Vielleicht bräuchten wir eine Zeitanzeige wie beim Windows Media Player, die anzeigt, wie viel Zeit noch verbleibt, nicht, wie viel schon vorbei ist. Ich glaube nicht, dass es schön ist zu wissen, wann und wie man stirbt, aber vielleicht wäre es manchmal hilfreich dafür, unsere Möglichkeiten zu nutzen, während sie noch welche sind. *Rauchen kann tödlich sein*, steht überall, *Leben ist tödlich*, steht nirgendwo, und das, obwohl doch deutlich mehr Leute leben als rauchen.

Ich bin für eine Art Grönlandhai-Big-Brother.

KAPITEL 21

B-Seite

Vielleicht wurde der Mensch auch einfach sesshaft, weil Winter wurde. Als der Winter kam und mit ihm die Dunkelheit, war da zuerst Schönheit, die Lichter, die Gemütlichkeit, die Wärme im Zug, wenn es draußen kalt ist. Nun kommt es mir ewig vor, aber wohl eigentlich erst seit ein paar Wochen legt sich tiefer und tiefer ein grauer Schleier übers Land, nur selten kommt ein weißer hinzu, und die kürzeren Tage lassen die meisten Zugfahrten nach sechzehn Vierundzwanzigsteln des Tages deutlich länger erscheinen, als sie es eigentlich sind und im Sommer mal waren. Je dunkler es draußen wird, desto anstrengender die künstlichen Lichter drinnen, desto enger der Raum. Obwohl ich versuche, lieber früh irgendwo aufzustehen und in den Sonnenaufgang hinein- als in den Sonnenuntergang hinauszufahren, zieht sich so manche Fahrt ins Unendliche. Unterwegssein ohne Ausblick mag in geringen Mengen sinnvoll sein, in größeren ist es dramatisch, und der Winter ist definitiv eine zu dramatisch große Portion davon.

Ich bin kein Fan von kitschigem, leuchtendem Weihnachtsschmuck, aber ich kann mir das Seufzen nicht verkneifen, als der große, glitzernde Baum im Berliner Hauptbahnhof auftaucht, das weihnachtliche Schild im Tübinger und die Kränze im Kölner Hauptbahnhof. An Heiligabend misst die Deutsche Bahn regelmäßig die höchsten Fahrgastaufkommen ihrer gesamten Geschichte, und auch dieses Jahr scheinen alle ein bisschen mehr unterwegs zu sein als sonst. Weihnachten, so wird mir erst jetzt klar, ist eine komische Erfindung: Wir feiern den Geburtstag von einem, der selbst sehr viel unterwegs war, und dafür fahren wir alle nach Hause. Nach Hause. Dieses Jahr heißt das: Bielefeld. Auch ich freue mich auf dieses alte Zuhause, auf Isa und Kathi, die sonst nie gleichzeitig dort sind, und auf das weihnachtliche Kinderbuch, das ich schon viel zu lange nicht mehr gelesen habe und später unbedingt in meinem alten Kinderzimmer suchen muss. Aber mehr als je zuvor freue ich mich dieses Jahr auf den Weg dorthin: Ich darf Bahn fahren. Ich möchte Bahn fahren. Tatsächlich noch ein bisschen mehr als sonst.
Seit ich im Mai losgefahren bin, wusste ich, dass ich zumindest einen Teil des 24. Dezembers im Zug verbringen möchte, warum genau, das weiß ich auch nicht. Vielleicht weil es ein Zuhause ausmacht, einen Teil seiner Weihnachtstage dort zu verbringen? Drei Weihnachtstage sind eigentlich ein bisschen zu kurz, um allen Zuhauses hallo zu sagen, aber nun fühle ich mich immerhin auf dem Weg

vom einen zum nächsten in gemütlicher, wohlbekannter Umgebung.

Riesige Kränze an langen Seilen schmücken den Kölner Bahnhofsgang, funkelnde Sterne aus Licht säumen die Decke der Empfangshalle, gelegentlich fliegt eine Sternschnuppe über sie hinweg. Im Zug breite ich eine rot-weiße Weihnachtsserviette mit kreativem Elchmuster auf dem Vierertisch aus und stelle die Miniversion eines Plastikweihnachtsbaumes mit goldenen Weihnachtskügelchen darauf. Noch ein paar in der Küche meines Freundes angefertigte Backmischung-Muffins ausgepackt, fertig ist meine weihnachtliche Bahn-Deko. Einige Mitfahrer im gar nicht so vollen Zug scheinen irritiert, andere amüsiert, und ich finde Weihnachten so super wie lange nicht mehr. Mit *Rudolph the Red-Nosed Reindeer* auf den Ohren rolle ich Richtung alter Heimat, schlendere durch das abendlich erleuchtete, ruhige Bielefeld.

Und dann, ein paar Tage vor Silvester, ist sie da, die Sehnsucht. Das böse Wort. Das schöne Wort. Bin ich süchtig geworden? Wäre das schlimm?
Neun Monate lang war ich auf Weltreise, seit acht Monaten gehört die Deutsche Bahn zu meinem Leben. Sie hat es sich darin gemütlich gemacht wie eine neue Freundschaft, ein neues Lieblingssofa, ein neues Lieblingslied, sie ist immer da, sie gehört dazu, und irgendwie habe ich mich an die extensive Lebensgemeinschaft mit ihr nicht

nur gewöhnt: Ich will auch nicht mehr anders. Die Sehnsucht nach dem Ausblick, die eingebaute Gedankenfreiheit, die Ideen, die in den Baumkronen, Stromkabeln und Furchen der Äcker hängen und nur darauf warten, entdeckt und mitgenommen zu werden. Die gegenseitigen Spiegelungen der Fenster, weniger informativ, aber so viel schöner als jede Augmented Reality, die direkte Umgebung hinter den Scheiben, die aufgeregt vorbeihüpft, und der Horizont dahinter, der es sich in der Landschaft gemütlich gemacht hat wie ein Hund auf der Türschwelle. Autos und Leute, die aus Autos steigen, die sich umarmenden Menschen in der Mitte des Bahnsteiges, die Schrebergärten, Blumenbeete, die alten Fabrikhallen und kleinen Bäche, die Gassen, die spielenden Kinder. Wie perfekt das Lied zur Landschaft passt, wie der Vogelschwarm im richtigen Moment über den Zug hinwegfliegt, das Wettrennen mit den Flugzeugen auf der Landebahn des Frankfurter Flughafens, die Sonnenauf- und Untergänge, die sich mit der besten Kamera nicht so gut festhalten lassen wie mit meiner Sehnsucht, den regelmäßigen Ausblick auf weite Landschaften, den ich vorher nicht so oft hatte, und die unglaubliche Schönheit, aus einer tiefen Arbeitsphase auf einmal auf- und aus dem Fenster zu blicken, und die Ruhe des Universums, die Schönheit unserer Natur vor Augen zu haben. Das alles hat sich in meine Gewohnheiten, in meine Bedürfnisse eingebrannt wie der Zucker um die Mandeln auf dem Weihnachtsmarkt. Aus *meine Stadt, mein Bezirk, mein Viertel, meine Gegend, meine Straße, mein Zuhause, mein Block* ist *meine Lounge, mein Bistro, mein Abteil, meine BahnCard, meine Reise, mein Zuhause, mein Zug* geworden.

Ein paar Tage später, als die Zeit zwischen den Jahren ihr Ende nimmt und das neue zaghaft beginnt, geht es am frühen Abend endlich wieder los, zur U-Bahn, zum Bahnhof, zum Gleis. Selten habe ich mich nach der Weihnachtszeit so auf das gefreut, was wir gemeinhin Alltag nennen. Vielleicht, weil es kein Alltag mehr ist? Weniger? Größer? Anders? Weil anstelle von Routine Unterwegssein-Routine lockt, die sich lebendiger als alles anfühlt, was vorher war?

Was vorher war. Was war vorher? Auf einmal blinkt da diese Frage in meinem Kopf: die nach früher. Die nach vorher. Es gibt eine Vergangenheit, aber wie war sie? Wie war es für mich all die Jahre vor dem Mai vergangenen Jahres, in einem Zug unterwegs zu sein? Ab und zu nur war ich in Deutschland mit der Bahn unterwegs, öfter mit Mitfahrgelegenheiten, selten mit dem Flugzeug. Ich war gerne unterwegs, aber habe ich mich mehr auf das Ziel konzentriert, als ich es jetzt tue? Jede Fahrt hatte einen Preis, einen ausformulierten Kostenfaktor, und bis auf den Rückweg wusste ich wahrscheinlich nur selten, wann ich wieder im Zug unterwegs sein würde. Und die Zugbindung machte ihren Job und band nicht nur mich an den Zug, sondern vor allem mein Gehirn an den Plan, nur von hier nach da zu fahren. Den Ausblick zu genießen, aber nicht auf die Idee zu kommen, unterwegs mal auszusteigen. Wie hat sich das angefühlt?

Dieser Tag, an dem ich mich das alles zum ersten Mal frage, ist der, an dem die Erinnerung daran zerbröselt unter dem neuen Stück Kuchen auf meinem Teller liegt. Es fühlt sich so an, wie ich, das merke ich jetzt, es mir erhofft hatte: nach zu Hause sein. Nach einem Ort, an dem ich mich durch ständigen Aufenthalt zu Hause fühle, wie es der Duden sagte. Ich lebe halt im Zug, nicht nur, aber auch, und zu Hause und mobil sind eins geworden, so wie es die Telekom-Mappe prophezeit hat, auch wenn sie damit gewiss etwas anderes im Sinn hatte. Meine Füße stehen mit jahrhundertealter Selbstverständlichkeit auf der gestreiften Dreifaltigkeit des grauen Teppichs, das Piepen der schließenden Türen verbreitet seine Pawlow'sche Ruhe in mir, als wäre es mir seit Kindertagen vertraut, und mehr als Vertrautheit ist da nicht. Die Seite der Kassette mit all der Zeit davor ist überschrieben, so wie ich früher manchmal aus Versehen ältere Lieder überspielt habe, wenn ich neue aus dem Radio auf Kassette aufgenommen habe. Da steht sie nun, zuckt mit den Schultern und lächelt mich entschuldigend an, die Unmöglichkeit, sein altes Ich zu sein, die ausgeschlossene Option, den Text eines Lieblingsliedes zu vergessen, die Tatsache, irgendwann nicht mehr zu wissen, wie es war, etwas nicht zu kennen. Blochs Bahnhofshaftigkeit des Daseins in seiner reinsten Form. Als mich die offene Zugtür hereinbittet, hebe ich mein imaginäres Kleid an, mache einen kleinen Knicks und gleite die drei kleinen Stufen hoch. Das Gefühl, zurück zu sein. Das Gefühl, nicht wieder weg zu wollen. Diese Vertrautheit, die nie wieder weggehen wird. Alles bewegt sich, und ich bin angekommen.

Wie Perlen an einer Kette schweben die Scheinwerfer der Autos am Waldrand entlang. Ich vertraue meiner Sitznachbarin im Vierer gegenüber meinen Rucksack an und laufe wie nach einer langersehnten Rückkehr durch alle Zimmer meiner Wohnung. Wie in Zeitlupe schwebe ich durch die Gänge, schwankend mit der Bewegung des Zuges, meine Hände über Holz und Stoff streifen lassend, durch einen Tunnel voller Farben und Lichter mitten in der Dunkelheit, vorbei an den dezent blauen Sitzen, der seitlichen Beleuchtung, sehe Leute dösen, arbeiten oder friedlich aus dem Fenster gucken. Draußen ist nichts, nur Dunkelheit, und in mir ist alles.

Zurück an meinem Platz, lasse ich mich in den Sitz sinken, lehne mich an ihn, wie an die starke Schulter eines Freundes, und seufze.

»Ich hab dich lieb, ICE«, sage ich.
»Ich dich auch, Leonie«, sagt der ICE.

Ha, die Baumarktwerbung hatte also doch recht.

KAPITEL 22

Im Rad

Ich bin dem Ernst des Lebens begegnet. An einem Donnerstagnachmittag hat er sich im Bordbistro an den Tisch gegenüber gesetzt, ohne vom Handy hochzuschauen erst ein Pils und dann ein Hauptgericht bestellt und ist zwischendrin zweimal eingeschlafen. Es muss sehr anstrengend sein, ein Leben zu führen, von dem man nicht mehr weiß, ob es nur von einem erwartet wird oder ob man es eigentlich auch selbst will.

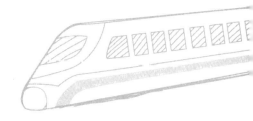

KAPITEL 23

Nicht-Ich

Ich wusste nicht, ob es passieren würde. Ob es passieren könnte.

Jetzt, wo es passiert ist, erscheint es mir sehr plausibel und auf besondere und gleichzeitig einfache Art und Weise wunderschön.

Es ist ein Nachmittag ohne besondere Eigenschaften, an dem es passiert. Nicht kalt, nicht warm, keine Langeweile, keine Aufregung. Eine Landschaft, ein Regionalzug, ein Fenster, Silhouetten, Wolken, Bäume, Häuser, Schienen. Der Kondensstreifen am Himmel ruht wie der Ton einer gehaltenen Klaviertaste.

Mittendrin: nichts.
Wo ich bin? Ich weiß es nicht.
Mich gibt es nicht. Ich war schon an vielen verschiedenen Orten, in verschiedenen Altern, mit verschiedenen Menschen, aber noch nie nicht Ich. Bis jetzt.

Draußen ist Landschaft, in mir: gar nichts.
Eine weiße Leinwand, die sich nicht kennt.
Für ein halbes, vielleicht ein fast ganzes Dutzend Sekunden bin ich einfach. Ich existiere, ohne ich zu sein.
Ohne zu denken.
Ich weiß nicht mehr, wo ich herkomme, nicht, wo ich hinfahre, nicht, in welchem Bundesland ich bin. Ich habe das alles nicht vergessen, denn es gibt mich nicht mehr.
Sekunden ohne Bewusstsein,
wie der Moment zwischen dem Sprung,
dem Eintauchen,
das Einatmen,
das Blinzeln in Zeitlupe.
Das Sein ohne Eigenschaften.
Ein kostbarer Moment der Nicht-Existenz.

Oder gerade der Existenz in ihrer reinsten Form?

Nicht-Orte, das seien Räume wie Flughäfen, Autobahnen, Bahnhöfe, Supermärkte, Shoppingcenter, Tankstellen, funktionsträchtige Orte ohne Geschichte und ohne emotionale Bindungen, schrieb der französische Anthropologe Marc Augé. »So wie ein Ort durch Identität, Relation und Geschichte gekennzeichnet ist, so definiert ein Raum, der keine Identität besitzt und sich weder als relational noch als historisch bezeichnen lässt, einen Nicht-Ort.« 1992 war das, in dem Jahr, in dem der ICE seinen ersten Geburtstag feierte, der Airbus A330 seinen ersten

Flug absolvierte und ich das Licht der Welt erblickte, noch unwissend, dass ich in beiden sehr viel Zeit verbringen würde. Immer mehr Verkehrsnetze, immer mehr Transiträume, bemängelte Augé, an denen statt Identität »Einsamkeit und Ähnlichkeit« entstehe, »Kollektivität ohne Fest und Einsamkeit ohne Isolierung«.

Ähnlichkeit? Einsamkeit?

Kaum hat die Farbe wieder meine Leinwand durchdrungen und ich bin wieder ich, trifft es mich wie ein knallgelbes expressionistisches Ausrufezeichen: Wie schön es ist, mal niemand zu sein. Welch entspannter Zustand, für ein paar Augenblicke keine Identität zu haben.

Es ist eine dieser magischen Erkenntnisse, die mir nur deswegen begegnen können, weil ich unterwegs bin, die nicht durch reines Nachdenken entstehen können – was Goethe sich »erwandert« hat, wie er es so schön nannte, habe ich mir »er-fahren«: Seitdem ich keinen eigenen Wohnraum mehr habe, keine Postkarten an der Wand, keine Souvenirs im Küchenfenster, beschränkt sich mein äußeres, greifbares, semiprivates Identitätsbild auf mein Aussehen, mein Verhalten und den Inhalt meines Rucksacks. Und in dieser Zeit, in der ich nicht nur auf den Sofas, sondern auch in den Leben, Gewohnheiten, Alltagen anderer Leute wohne, ist die anonyme, identitätslose Öffentlichkeit des Zuges zum Raum meiner größten

Privatsphäre geworden. Nicht die Privatsphäre des Bademantels, aber die der Identität. Ich habe nichts dafür getan, dass es so ist, ich habe mir da vorher keine Gedanken drüber gemacht, es ist aus sich heraus entstanden. Wir Menschen hier, wir kennen uns nicht, wir wollen nichts voneinander, wir sind einfach hier, ohne wir zu sein. Frei von gegenseitigen Erinnerungen, frei davon, Erwartungen zu haben, ihnen zu entsprechen, entsprechen zu wollen. Eine schweigende Übereinstimmung zur friedlichen Koexistenz, der minimalste Kanon sozialer Umgangsformen. Besteht unsere Ähnlichkeit, die Augé bemängelt, nicht einfach nur daraus, gerade in keiner Rolle zu sein, außer in der von Reisenden, die sich Fremde sind, gegenseitig nicht mehr als anonyme Anwesende? Mehr sind wir gerade nicht, weil wir nirgendwo sind, sondern nur hier.

Was bei Augé nach Nighthawk'scher Verlorenheit klingt, voll Neonlicht, trunkener Einsamkeit und toter Ruhe, fühlt sich bei mir an wie ein Kokon des Seinkönnens. Die unterschiedlichen Nuancen unserer Persönlichkeit ankern an den Umständen eines Ortes, seinen Menschen, Situationen, Eigenheiten. In Bielefeld bin ich die Enkelin, die alte Schulfreundin und die Weggegangene, die zu Besuch ist. In der Uni bin ich Lernende und Kommilitonin, in Tübingen die alte Schulfreundin von Kathi, und Leo M., nicht zu verwechseln mit Leo B., in Köln bin ich die, die dauernd unterwegs ist, in Berlin bin ich immer irgendwer. Ich mag alle diese Rollen, ihre Facetten, ich mag jede dieser Identitäten, an jeder etwas anderes. Vielleicht bin ich so gerne an all diesen verschiedenen Orten, weil ich überall ein bisschen anders bin, und so gerne im Zug, weil ich hier niemand bin? Nicht ich bin. Nur ich bin. Weil Räume, die keine Identität haben, die einfachste Kulisse dafür sind, selbst keine zu besitzen, all die Identitäten in den Hintergrund treten zu lassen wie rücksichtsvolle Bedienstete.

Das, was mich in den Shoppingmalls und Einkaufsstraßen dieser Welt so nervt, die Homogenität der Deko, der Schriftzüge, der Inhalte, das immer gleiche Mobiliar, die fehlende Tiefe, ist hier mein Verbündeter. Keine emotionale Bindung zu einzelnen Gegenständen des Inventars, zu Unikaten, außer zu dem, was ich dabeihabe. Was der Stuttgarter Flughafen auf meinen gelegentlichen Stippvisiten zwischen Uni und Wohnung war, ist nun die Bahn geworden. Und noch mehr. Ein Wartezimmer, in dem ich auf nichts warte, ein Nicht-Ort, ein Zwischen-Ort, der doch nicht weniger real existierender Raum ist als all die Städte, Straßen, Wohnungen, eine Art natürliche Schizophrenie. Die *Bahn*, die mein Zuhause geworden ist, besteht aus Hunderten fast identischen Zügen, sechs verschiedenen ICE-Typen und keine Ahnung wie vielen IC-Modellen, und doch ist sie in meinem Kopf eins. Die Bahn eben. Ich weiß nicht, ob ich auf genau diesem Sitz schon mal saß. Mein Gehirn merkt sich keine Zugnummern oder Zugnamen, die ja witziger Weise aus Ortsnamen bestehen, es denkt sich nicht, ja, in genau diesem ICE hatte ich vor zweieinhalb Wochen dieses Gespräch und jene Erkenntnis. Ich weiß nicht, in welchem IC ich durch die leere Sechserkabine getanzt bin, in welchem einsamen ICE-Abteil mir Tränen über die Wange gerollt sind, an welchem Vierertisch ich vor kurzem das Referat vorbereitet habe, in welchen circa zwölf Bordbistros ich bisher die leckeren Pfannkuchen mit warmem Kirschkompott gegessen habe. Die Gesamtheit der Erinnerungen: ein positiv-neutraler Ort. Jedes Mal erwarten mich ein aufgeräumter Schreibtisch, ein immer anderer Ausblick, jedes Mal Platz für Neues und ein verschmolzenes Sammelsurium aus Erinnerungen, von denen ich manche hervorholen kann, wenn ich möchte, aber nicht muss. Eine völlig andere Art von Angekommensein, als es mir meine Wohnung vermittelt hat, natürlich eine andere, und doch auch eine freiere, keine Verpflichtungen, keine Spülmaschine, kein sehnsüchtig aus dem Schrank linsender Staubsauger.

Werden diese Transitträume nicht umso wichtiger, je mehr Orte zu unserem Leben und je mehr Rollen zu unserer Identität gehören? Vor allem, wenn es angenehme Nicht-Orte sind, ohne Musik, ohne blinkende Bildschirme, ohne Werbekram, das Gegenteil des Internets, stattdessen mit Ruhe, mit Raum, mit Zeit. Sind auch sie nicht genauso natürlich, wie all die Nicht-Nicht-Orte? Wenn meine App sagt, der Weg dauert sechs Stunden, dann dauert er sechs Stunden. Dann führe ich ein eigenes Leben auf diesem Weg, in dieser Zeit. A → B steht in meinem Kalender, aber in diesem Pfeil steckt so viel mehr, als ich jedes Mal vorher wissen könnte, jede Fahrt hat ihren eigenen Charakter, jede Fahrt ist anders, und jede Fahrt ist ein abgeschlossenes Kapitel, sobald ich aussteige.

Überhaupt: Wer bin ich schon? Ich, sagt das Fotoprogramm meines Handys, das meine Aufnahmen nicht nur automatisch nach Orten, sondern auch nach Gesichtern sortiert, sei schließlich mindestens sechs verschiedene Personen, je nach Gesichtsausdruck, Zustand und Form meiner Frisur und der An- oder Abwesenheit einer Brille auf meiner Nase. Und wenn wir in verschiedenen Sprachen verschiedene Seiten unserer Persönlichkeit in den Vordergrund stellen, wie Forscher der University of London herausfanden, wie sehr beeinflussen dann erst Orte und die Menschen an diesen die Person, die wir dort sind? Man ist ja heutzutage ständig irgendwo und irgendwer.

Da war es wieder.
Kurz nach elf, sagte die Form des Schattens des geschwungenen Fenstergitters auf meinem dünnen weißen Betttuch. Wieder kurz nach elf. Fünf Monate war es her, dass das Flugzeug Stuttgart verlassen hatte, und ich wusste, dass ich nie wieder so sein würde, wie ich jetzt noch war. Nun, Laos: hügelig-grüner Norden, der Mekong auf der anderen Seite der kleinen ruhigen Straße, hinter dem Git-

ter meines Gasthauses. Frühjahr, jeder Tag ab dem späten Mittag ein kleines bisschen unangenehm heißer als der davor.

Fünf Monate unterwegs, fünf Monate Städte, Museen, Menschen, Kontinente, Zimmer, Sofas, Jetlags, Nachtflüge, Ausflüge. Die intensivste Zeit meines bisherigen Lebens. Die ersten Monate meiner Reise hatten einen Rahmen, in dem sie stattfanden, manches war geplant, kaum ein Tag, kaum eine Unterkunft, aber die Eckdaten meiner Aufenthaltsorte. Ich hatte nicht geplant, in Laos zu sein, ein Land, dessen Namen ich kannte, aber dessen Existenz nie aktiv auf meinem Radar war. Ich wollte aus Thailand ausreisen, um danach wieder einzureisen, für ein neues Visum. Dann war ich in Laos und blieb zwei Monate. An einem Ort. Einem wunderschönen Ort. Wochenlang war ich hier, Wochentage, Wochenenden waren nicht existent, lediglich der Sonntag gab sich mir daran zu erkennen, dass eines meiner drei Lieblingscafés am Mekong geschlossen blieb. Ich hatte meine Wohnung in Stuttgart noch, sie war untervermietet, da war etwas, was ich mal mein Zuhause genannt hatte und was es eventuell auch wieder sein würde, aber ich hatte keine Rolle dort, denn ich war nicht da. Ich war ohne Kontext. Ich war eine Reisende, die las, schrieb, Menschen kennenlernte, den Booten auf dem Mekong zuguckte. Und auf einmal, um elf Uhr vormittags, war sie da, die nie gefragte Frage, versteckt zwischen den Gittern meines fensterlosen Fensters: Wen interessiert es, wann ich heute aufstehe?

Ob ich mir einen Wecker stelle oder nicht? Was ich heute mache, ob ich das morgen mache? Es ging mir gut, ich hatte eine wunderbare, interessante, krasse, lustige, nachdenkliche, erlebnisreiche Zeit, ich durfte diese Welt in den verschiedensten Facetten ihrer Schönheit, Verrücktheit, Größe kennenlernen. Doch die Antwort darauf war: niemanden. Eine komische Frage, eine komische Antwort, deren Wichtigkeit mir trotz aller Verwirrung sofort entgegenschoss. Zwanzig Jahre hatte es bis zu diesem Moment gedauert, weil immer irgendetwas war, ich immer irgendwer war, Schülerin, Abiturientin, FSJlerin, weil immer klar war, wann es weitergeht: das Wochenende, die Sommerferien, das Schuljahr, Silvester. Jetzt hatte ich keinen Bezugsrahmen, keinen Alltag, keine aktive ausgeführte Rolle, eben außer die, von mir sehr geliebte, eine neugierige Reisende sein zu dürfen. Ich hatte keinen Alltag. Nichts, was diesem Begriff würdig gewesen wäre, nichts, was gleich genug, oft genug, beständig genug gewesen wäre, nichts, was eine schwere Schleppe jahrelanger Routine hinter sich herzog. Habe ich dieses Gefühl in den drei Jahren seit diesem Moment je wieder gespürt? Welche Wahrheit liegt in diesem Gedanken?

So komisch dieser Moment war, so dankbar war ich für seine Existenz. Bin ich immer noch. Unsere Leinwand ist größer, als wir denken. Vielleicht haben wir uns sie noch nie ganz genau angeguckt, in Licht und in Dunkelheit, in Ruhe und in Trubel, sie mal umgedreht, aufgeklappt, ein

Stück drangeklebt, sie angemalt, übermalt. Eine Ecke weiß gelassen.

Wer bist du ohne deine Routine?
Wer bist du ohne deine Rollen?
Wer bist du, wenn du niemand sein musst?

KAPITEL 24

Bavarian Beauty

Dreimal. Dreimal, gestand mir meine Mutter auf einem australischen Campingplatz, war sie mit mir in meiner frühen Kindheit Mitte der Neunziger auf dem Parkplatz am Fuße von Schloss Neuschwanstein. Dreimal war sie sich sicher, es dieses Mal zu tun, und dreimal ergriff sie, verschreckt von der endlos scheinenden Masse an Menschen, die Flucht.

Zwanzig Jahre später stolpere ich an einem sonnigen Mittwoch bei der üblichen Schatzsuche in meinem alten Kinderzimmer über eine semihübsche, grüne Schneekugel mit einem halb im Wasser versunkenen Schloss Neuschwanstein, auf deren Unterseite »Made in Western Germany« und »Inhalt nicht zum Verzehr geeignet« steht. Sämtliche Familienmitglieder bestreiten, irgendetwas über ihre Herkunft zu wissen, ich könnte sie mal von meiner Stuttgarter Großmutter geschenkt bekommen haben, vermutet meine Mutter. Erst wollte ich sie zurück in die kleine Kiste voll anderer Sachen legen, in der sie sich jahrelang aufgehalten haben muss, jetzt liegt sie eingehüllt von weichen T-Shirts in meinem Rucksack, und der sitzt mit mir in einer bayerischen Regionalbahn. Nach einer längeren inneren Diskussion habe ich mir vorgenommen, es noch mal zu versuchen. Es war gewiss keine einfache Entscheidung: Man müsse bedenken, dass Neuschwanstein die Vorlage zum Disney-Logo war, merkte meine Abneigung gegenüber Disncy-Filmen besorgt an und zeigte sich geradezu immun gegen die Vermutung meines Gehirns, dass mein Besuch wohl in lebendigem 3D, nicht in flachem Zeichentrick stattfände. Gegen meine offensichtlich ererbte Unlust auf Menschenmassen und Schlangestehen argumentierte dann die Website der Bayerischen Schlösserverwaltung mit dem Hinweis, ich könnte auch, statt es vor Ort zu kaufen, bereits vorher das Ticket für die Schlossführung reservieren – die einzige Möglichkeit, das Schloss von innen zu sehen – und müsse dann wahrscheinlich nur noch kurz anstehen. Das sei aber ein Verstoß gegen sie, mahnte meine Not-do-to-Liste an, sie würden trotzdem ihr Bestes geben und mir zur Seite stehen, vergewisserten mir meine geräuschreduzierenden Kopfhörer und die gemütlichen Turnschuhe. »Do one thing everyday that scares you«, sagte Eleanor Roosevelt, die Menschenrechtlerin und Frau des ehemaligen Präsidenten, worauf ich entgegnete, dass ich ja keine Angst hätte, sondern nur keine Lust, worauf sie meinte, ich wisse schon, wie das gemeint sei, husch, husch, raus aus der Komfortzone und so, worauf ich nur ein klein beigebendes »Jaja« murmeln und mir selbst ein leises »Sei mal wieder achtzehn« zuflüstern konnte. Mein zukünftiges Ich argumentierte auffällig enthusiastisch mit »Wann, wenn nicht jetzt« und »dann hast du's hinter dir« und fügte hinzu, wenn sich ein möglicher Besuch jetzt noch mal um zwanzig Jahre verschieben würde, hätte ich bestimmt überhaupt gar keine Lust mehr, und ich müsse auch die zu erwartende Inflation der asiatischen Gesamtbevölkerung in meine Überlegungen miteinbeziehen. Probieren sollte ich's trotz allen Risiken, insistierten abschließend mein angefangenes Geschichtsstudium und mein im Gegensatz zum Studium weiterhin existentes Interesse an historischen Gebäuden und abstruser Vergangenheit. Dagegen konnte dann niemand mehr so wirklich gut argumentieren, und jetzt sind wir unterwegs.

Im Gegensatz zum Brandenburger Tor oder dem Münchner Rathaus, an denen man ja geradezu zufällig vorbeilaufen kann, fordert meine Entscheidung wirklichen touristischen Einsatz: mit der Regionalbahn nach Füssen, mit dem Bus nach Hohenschwangau, zu Fuß den Berg hoch. Wie jedes Mal im Süden Bayerns kleben meine Augen fasziniert an der Berglandschaft am Horizont, und als wolle die Regionalbahn mich zum Durchatmen zwingen, macht sie an einer kleinen feinen, aus einem Bahnsteig bestehenden Station irgendwo zwischen Augsburg und Füssen planmäßig eine viertelstündige Pause, Türen auf, ein bisschen frische Luft schnappen, ein bisschen zur Ruhe kommen.

Zwei Regionalbahnstunden und hundert Kilometer hinter München, eine Autostunde vom südwestlich gelegenen Oberstdorf entfernt, beginnt unser Abenteuer im frühabendlich erleuchteten Füssen. Passenderweise endet hier die in Würzburg beginnende Romantische Straße: Wo könnte es hollywoodromantischer werden als hier? Auf dem schmalen Bahnsteig drängeln sich mehr Sprachen, als ich je gleichzeitig gehört habe, und bereits im Bahnhofsshop versucht eine nanunanaeske Ansammlung von unsäglichem Dekokram, mich doch noch zum Umkehren zu bewegen: weiße Essstäbchen mit Brezel-Wappen-Bierkrug-Muster, quadratische Heidi-Bilderbücher in verschiedenen asiatischen Sprachen und Panorama-Magneten, auf denen »Schlos Neuschwanstein« steht. Ob sich Asiaten wohl manchmal veräppelt vorkommen, überall hinzureisen und dort dann Dinge Made in Asien zu kaufen?

Gegenüber dem Bahnhof liegt das im Stil der historischen Gebäude mit rundlichen Buchstaben beschriebene »Main Station Hostel«. Die Einheimischen scheinen sehr ehrliche Menschen zu sein: Sie haben keine »Wir bremsen auch für Touris«-Aufkleber an ihre Autos geklebt. Auf dem kurzen Weg zum kleinen Stadtkern komme ich an zwei weiteren Souvenirläden vorbei, darin Schwan-Kuscheltiere, Servietten, Gläser, Becher, Bierkrüge, Schneekugeln und romantisch-bunt bemalte Souvenirteller, die ganz eventuell, festlegen möchte ich mich nicht, sogar

Ludwig II. zu kitschig gewesen wären. Worldwide shipping.

Bevor es morgen ernst wird, ist heute Nacht das Sofa eines Couchsurfers in einem der umliegenden Dörfer meine Unterkunft. Über Couchsurfing, ein Internetportal, das Hosts, die ihr Sofa zur Verfügung stellen wollen, mit Gästen aus aller Welt zusammenbringt, und seinem nahen Verwandten, der Bezahlvariante Airbnb, airbed and breakfast, bei der es auch ganze Wohnungen, Häuser, Baumhäuser und Schiffe zu mieten gibt, war ich bisher nur in verschiedenen Ländern im Ausland unterwegs, bin in Chicago mit dem Hund meines Hosts Gassi gegangen und habe in Edinburgh mit einer Freundin und unserem Host einen wunderbaren Tagesausflug zum Strand unternommen. In Deutschland kannte immer irgendwer irgendwen, bisher, so dass sämtliche Sofas, auf denen ich gesurft bin, privat organisiert waren.

Couchsurfing und Airbnb haben eine interessante Entwicklung hingelegt: Erst 2003 von Studenten gegründet, die selbst durch die Welt reisten und nach einer anderen Art des Reisens suchten, nutzen heute über zehn Millionen Menschen Couchsurfing und über 150 Millionen Airbnb, das 2008 gegründet wurde. Beide Portale sind inzwischen kommerzialisiert worden. Airbnb verzeichnet vier Millionen Inserate in 190 Ländern, allein darüber schlafen jede Nacht zwei Millionen Menschen überall auf der Welt in einer fremden Wohnung. Eine fremde Wohnung zwar, aber oft das Zuhause eines anderen Menschen, eine völlig andere Art des Reisens, des Erlebens eines Ortes. So weit die romantische, allerdings auch oft zutreffende Vision hinter diesen Plattformen, umso komplexer die Realität: In vielen Großstädten verdient Airbnb einen Großteil seines Geldes mit Anbietern, die mehrere Wohnungen vermieten, also Wohnungen dem normalen Wohnungsmarkt entziehen und dann mit Touristen ein Vielfaches dessen verdienen, was sie mit der Vermietung an Einheimische einnehmen würden, mit weniger Auflagen und Verpflichtungen, als normale Vermieter von Ferienwohnungen sie haben. Das hat weder mit personalisiertem Reisen noch mit Kontakt zu Einheimischen zu tun und ruft die Stadtverwaltungen auf den Plan, die sich wiederum damit unbeliebt machen, diese Möglichkeit des Übernachtens komplett verbieten zu wollen.

Travel like a local lautet das Versprechen des Couchsurfing-Netzwerks, und more local hätte ich es wohl nicht treffen können: Mein Host ist Schlossführer in Neuschwanstein. Beim gemeinsamen Abendessen berichtet er mir von seinem Alltag im Schloss, und seine Frau erzählt mir von Servas, dem nach dem Zweiten Weltkrieg in Dänemark gegründeten und weiterhin aktiven Vorläufer-Netzwerk von Couchsurfing, dem es darum geht, »durch persönliche Kontakte unter den Völkern der Erde ein besseres Verständnis zu schaffen«, wie es auf der Website heißt. All das, was wir so neudeutsch unter dem schnieken Begriff der Sharing Economy entwickeln, hat es in der ein oder anderen Form eigentlich schon mal gegeben, wird mir klar. Als ich den beiden von meinem Projekt erzähle, steht mein Host auf und drückt mir zwei Bücher in die Hand: Freunde von ihm, die selbst als digitale Nomaden um die Welt ziehen, haben über das Thema der globalen Nomaden eine Dissertation und ein erzählendes Sachbuch geschrieben.

Als ich am nächsten Morgen, müde von der interessanten Lektüre am Vorabend, vom Wohnzimmer ins Badezimmer schlurfe, fällt mir abrupt die Kinnlade runter: Eine wunderschöne Bergkette vor knallblauem Himmel erstrahlt im Badezimmerfenster. Die Dunkelheit am Abend vorher hat die Berge verschluckt, und jetzt erstrecken sich grüne Wiesen Richtung Horizont, spitze Ziegeldächer und in der Ferne, mitten im dunkelgrünen Bergpanorama angeleuchtet von der Morgensonne: zwei helle Minitürme.
»Das ist schon Neuschwanstein«, verrät mir mein Host beim kurzen Frühstück, und erneut klappt meine Kinnlade runter.

Postkartenblauer Himmel liegt über dem Tal, durch das ich mich mit dem Bus nach Hohenschwangau begebe, am Ende der flachen grünen Wiese bäumen sich die Alpen auf, bereits durchs Busfenster habe ich freie Sicht auf

Neuschwanstein, das, wie auf der ersten Stufe einer großen Treppe gelegen, immer noch gar nicht so groß aussieht. Hohenschwangau besteht aus ein paar Wohnhäusern, einem Internat, zwei Schlössern und sehr, sehr vielen Touristen. Dass es hier zwei Schlösser gibt, war mir bis zur Buchung meines Tickets neu, ich hatte zuvor nichts von Schloss Hohenschwangau gehört, die auf dem Berg gegenüber von Neuschwanstein gelegene Residenz, in der Ludwig II. seit seiner Kindheit seine Ferien verbrachte, nachdem sein Vater diese erworben hatte, und in der Ludwigs Mutter drei Jahre nach Ludwigs Tod verstarb.

Das Erste, was ich sehe, als ich aus dem Bus steige, ist ein mittelgroßer Parkplatz. Versteckt um die Ecke gelegen zieht sich eine enge Straße hoch, abwechselnd Hotels und Souvenirläden, Hotels und Souvenirläden an ihren Seiten und ein Uhrengeschäft mit »100 % full tax-free refund«. Einbahnstraße, außer für Fahrräder und Pferdekutschen. In einem mir überraschend klein vorkommenden Ticketcenter stelle ich mich an die Gott sei Dank kurze Schlange an, um meine online reservierte Karte abzuholen.

»Wie viele?«
»Eine.«

Auf dem Ticket stehen neben den Einlasszeiten der beiden Schlösser auch dreistellige Zahlen, sozusagen touristische Wartenummern. Neben dem Ticketcenter gibt es einen Automaten, in den man sein Ticket stecken und seinen Besichtigungsplan ansehen kann. Auf der anderen Seite steht, etwas verloren im Getümmel, eine Infotafel für Schloss Hohenschwangau. »Empfinden Sie unter dem künstlichen Sternenhimmel im Schlafzimmer des Königs die romantischen Träume seiner Majestät«, warnt das Schild. Trotz dieser Einladung besichtigt nur ein Bruchteil der Neuschwanstein-Besucher auch Hohenschwangau, obwohl es mit seinem kurzen Anstieg eigentlich viel touristenfreundlicher ist als das höher gelegene Neuschwanstein.

Ich habe noch etwas Zeit, bevor es losgeht, und so setze ich mich zur Stärkung in den Biergarten eines der Gasthäuser und bestelle mir eine Portion Käsespätzle, mal wieder. Ein bisschen schwäbisches Zuhause.

»Wie viele?«
»Eine.«

Nach einem paarminütigen Anstieg stehe ich in einem kleinen, hübschen Schlosshof zwischen den beiden in ruhigem Gelb angestrichenen Gebäuden des Schlosses. Eine Reihe Bildschirme verkündet die aktuellen Einlassnummern, deren Besitzer durch Drehkreuze Einlass ins

Schloss bekommen. Ich komme mir ein bisschen vor wie eine Kugel bei der Lottoziehung. Als ich das Schloss betreten darf, begrüßt ein Gedicht aus geschwungenen, güldenen Buchstaben in ebenso güldenem, gemaltem Rahmen die königlichen Besucher.

Willkommen Wandrer! holde Frauen!

… man konnte damals wohl nicht beides sein …

Die Sorgen gebt dahin!
Laßt eure Seele sich vertrauen
der Dichtung heiterm Sinn!

»Willkommen im Schloss Hohenschwangau! Ich bin sehr stolzer Angestellter des bayerischen Königshauses, und ich führe Sie heute durch diese königlichen Räume«, stellt sich der gutgelaunte Schlossführer amüsiert vor. Auch Hohenschwangau kann man nur im Rahmen einer Führung besichtigen. »Im Gegensatz zu Neuschwanstein, das dem Freistaat Bayern gehört, ist das Schloss Hohenschwangau noch immer im Besitz der bayerischen Königsfamilie.« Eine knappe halbe Stunde lang führt er uns durch die Räume, die eher denen eines größeren Wohnhauses ähneln. »Wir müssen bedenken, Hohenschwangau war ja auch nur die Sommer- und Jagdresidenz der königlichen Familie.« Sämtliche Wände sind mit Szenen aus mittelalterlichen Heldensagen bemalt, auf diversen

Gemälden, Kronleuchtern und anderem Inventar thronen Schwäne, das Wappentier der Familie.

Im zweiten Stock begegnen wir dem Schlafzimmer mit dem kitschigen Sternenhimmel, in dem die romantischen Träume seiner Majestät wohnen, denen ich mich lieber nicht zu lange aussetzen möchte. Vor einem Fenster im Nebenzimmer steht ein ein Meter langes, goldenes Fernrohr in einer Vitrine, ausgerichtet auf Neuschwanstein auf dem Berg gegenüber. »Von hier aus hatte Ludwig die Bauarbeiten seines Schlosses gut im Blick.«
Ludwig I., der Großvater von Ludwig II., so erzählt der Schlossführer, feierte 1810 auf einer großen Wiese bei München seine Hochzeit mit Therese von Sachsen-Hildburghausen mit einem großen Fest, Pferderennen und Kettenkarussell inklusive. Geile Idee, dachten sich die Münchner, das könnten wir eigentlich jedes Jahr machen, nannten den Platz Theresienwiese, zack, entstand das größte Volksfest der Welt, und der Freistaat verdankte praktisch sein halbes zukünftiges touristisches Potential dieser einen verrückten Familie.

Nach Ende der Führung am Bediensteteneingang trete ich den kurzen Abstieg Richtung Tal an. Auf einem kleinen Stück Rasen zwischen dem Parkplatz und der Straße grasen vier graue Jungschwäne. Sie scheinen kaum jemandem aufzufallen, ein bisschen zu natürlich wirken sie in dieser durchorganisierten Atmosphäre von Selfies, Tickets und Reisegruppen. Zu echt, zu zufällig. Vielleicht auch Angestellte des Bayerischen Königshauses?

Nicht nur inhaltlich, auch physisch war Hohenschwangau erst die Vorbereitung auf Neuschwanstein: 120 Höhenmeter trennen mich vom Märchenschloss. Das sind ungefähr 117 einhalb zu viel, denn seitdem die Stuttgarter Stäffele nicht mehr täglich auf meiner Route liegen, ist meine Kondition, meiner gelegentlichen Fitnessstudioaufenthalte zum Trotz, grottiger als die künstliche Venusgrotte in Ludwigs zweitem Schloss, Linderhof. Und die hatte eine hochmoderne Regenbogen- und Wellenmaschine.
Der Reisegott und ein privates Busunternehmen meinen es gut mit mir: Es gibt einen Shuttleservice, der untrainierte / eilige / faule Touristen mit einem Bus den Berg hochbugsiert. (Aufs Hochlaufen war ich auch schon damals als Kind nicht so scharf, versicherte mir meine Mutter neulich.) »Alle Hunde – auch die niedlichen kleinen – dürfen nicht Bus fahren«, warnt ein Schild. Für ein paar Sekunden halte ich inne und genieße zum ersten Mal in meinem Leben bewusst die Tatsache, kein niedlicher kleiner Hund zu sein. Dann lege ich die bestinvestiertesten 1,80 Euro meines Lebens auf die Durchreiche des Kassenhäuschens. Ich habe es immer gewusst: Irgendwann wird dieser Moment kommen und alles einen Sinn ergeben.

Ein komischer Anblick: »Neuschwanstein« steht in unromantisch verpixeltem Orange an der Anzeige des Busses, der mich nach einigen kurvig-steilen Minuten 120 Meter höher in einer Traube von Touristen in den Wald entlässt. Ein Wald mit wirklich sehr vielen Touristen. Zum ordentlichen Neuschwanstein-Besuch, habe ich gestern von meinem Host gelernt, gehört der Besuch der wenige Schritte vom Bus entfernten Marienbrücke über der Pöllatschlucht, deren Vorgänger Ludwigs Vater seiner Frau zum Geburtstag schenkte. Heute schenkt man sich Liebesschlösser, früher schenkte man sich Brücken ... Sie ist überraschend schmal, vielleicht eineinhalb Meter breit, ein beiges Gerüst mit schwarzem Draht, an dem vereinzelt Schlösser hängen. Man sieht ihr an, dass sie nicht für so viele Menschen gebaut wurde, wie sich jetzt auf ihr drängen. Kaum habe ich die ersten Meter der Brücke hinter mich gebracht, verstehe ich, warum hier so viel los ist: Von hier entstehen also all die Postkartenmotive. Getragen von Bäumen scheint das Schloss vor dem kilometerweiten Panorama aus grünen Wiesen, zwei Seen und hier und da einer kleinen Siedlung zu schweben. »Be here now«, ziert ein ausgeblichener schwarzer Edding das helle Geländer. Alle haben ihr Handy in der Hand. Ich auch, um Fotos von Menschen zu machen, die Fotos vom Schloss machen.

Nach einem mehrminütigen Abwärtsspaziergang durch den Wald erreiche ich das immer noch nicht so unglaublich riesig erscheinende, weißgraue Schloss. Zur mentalen Vorbereitung auf das, was jetzt kommen könnte, habe ich neulich in der Nationalbibliothek eine Biographie Ludwigs und ein Neuschwanstein-Wimmelbilderbuch studiert. Auf allen Bildern spukten ein Schlossgeist, Einhörner, Drachen, trommelspielende Elefanten, Richard Wagner mit Feder und Notenblättern und asiatische Touristen mit Fotoapparaten herum, eine Ritterrüstung, ohne Ritter, ging helfend einem Bauarbeiter zur Hand, Rapunzel ließ ihr Haar herunter, und ein gutgelaunter Ludwig II. tanzte durch seinen Thronsaal, in dem das Kind einer fünfköpfigen Reisegruppe auf dem königlichen Thron posierte, völlig unbeachtet von Ludwig, aber sehr zum Unmut des Schlosswächters. Alles in allem ein großes Hallo mit viel Spaß.

Wie in Hohenschwangau zeigt auch hier eine Reihe von Bildschirmen im Schlosshof die Einlasszeit der Wartenummern an. Eine amerikanische Frau mit einem pinken T-Shirt geht an mir vorbei, auf diesem ein »I Love Oktoberfest«-Schriftzug aus silbernen Glitzersteinchen.
Um Punkt 14 Uhr startet der Drehkreuz-Einlass meiner Tour, eine erste Treppe und eine Minute später halte ich ein Audiogerät in der Hand, durch das ich die Live-Erklärungen des Schlossführers besser hören kann. Unsere Führung beginnt im dritten Stock, der zweite wurde nie ausgebaut, kaum war Ludwig verstorben, hörten die Bauarbeiten auf. Ein kleiner Junge in meiner Gruppe trägt Turnschuhe eines Disney-Animationsfilms über spre-

chende Autos, aus den Scheinwerfern des Autos auf seinen Schuhen strahlt Licht, sobald er mit dem Fuß auftritt. Ob Ludwig das gefallen hätte? Von außen wollte er ein romantisch verklärtes Mittelalterschloss haben, nutzte für innen aber alle technischen Möglichkeiten seiner Zeit: ein elektrisches Rufsystem, elektrisches Licht, Toiletten mit fließendem Wasser, eine Zentralheizung und eine mehrere Meter lange künstliche Tropfsteinhöhle mit wechselnder Farbbeleuchtung, inspiriert von Tannhäuser. Vergangenheit und Zukunft schien er super zu finden, nur mit der Gegenwart hatte er so seine Probleme.
»Ich habe die Absicht, die alte Burgruine Hohenschwangau bei der Pöllatschlucht neu aufbauen zu lassen im echten Styl der alten deutschen Ritterburgen, und muss Ihnen gestehen, dass ich mich sehr darauf freue, dort einst (in drei Jahren) zu hausen«, schrieb er 1868 an den von ihm hochverehrten Richard Wagner über sein erstes Bauprojekt, das zu seinen Lebzeiten noch *Neue Burg Hohenschwangau* hieß. Zwei Jahre zuvor verlor Ludwig seine Position als souveräner Herrscher, was ihm so gar nicht in den Kram passte, und nun musste sein eigenes Schloss her, ein eigenes Reich, in dem er, nun ja, König spielen konnte.

So strahlend weiß das Schloss von außen leuchtet, so erstaunlich dunkel ist es hier drinnen. Viel dunkles Holz, für die Größe der Räume kleine Fenster. Auch in Neuschwanstein wollte Ludwig sich der Dichtung heiterem

Sinn anvertrauen, die Wände fast aller Räume hat er mit opulenten Szenen aus Wagner'schen Opern bemalen lassen, Tristan und Isolde, Lohengrin, Tannhäuser, der Ring des Nibelungen. Kaum war Ludwig überraschend früh, im Alter von achtzehn Jahren, König geworden, schickte er seinen Staatsminister los, um den seit seiner Jugend von ihm bewunderten, nun verwahrlosten und vor einer Strafe fliehenden Richard Wagner in Stuttgart zu suchen und aufzusammeln, was nach sechs Wochen auch gelang.

Im goldenen, mit weißbuntem Mosaikboden belegten Thronsaal fehlt vor allem eins: ein Thron. Der Mix aus Gold und Elfenbein war so aufwendig und brauchte so lange, dass er zu Lebzeiten Ludwigs noch nicht fertiggestellt war und deswegen nach seinem Tod umgehend von seiner Familie storniert wurde. Anscheinend gab es damals auch für Großbestellungen Rückgabekriterien à la Zalando. Im mit dunkler Eiche ausgekleideten Schlafzimmer mit einem ebenso dunklen Bett steht das stilvolle hölzerne Waschbecken mit dem Wasserhahn in Form eines goldenen Schwans, ein Wasserschwan sozusagen, der sich im Wimmelbilderbuch fröhlich die Zähne putzte. Was macht man in so einem großen Gebäude? Ob Ludwig wohl auch auf seinem Bett rumgehüpft ist, nachdenklich an der Wand saß, durch die langen Flure lief? Neuschwanstein war nie Regierungs- oder Repräsentationssitz. Alles, was Ludwig hier wollte, war, sich wie ein

König des Mittelalters zu fühlen, eine Zeit, in der die Könige noch wirkliche Macht hatten und sich nicht mit nervigen Volksvertretern herumschlagen mussten, und seine Ruhe zu haben. Sämtlichen Räumen scheint eine Traurigkeit anzuhängen, eine komische Mischung aus Nie-mit-Leben-gefüllt-worden-Sein und Nun-von-Tausenden-Menschen-am-Tag-überrannt-Werden, vermischt mit einer komischen Modernität. Erst 130 Jahre ist das Schloss alt, gar nicht so lange her das Ganze. Ludwig hatte zwar die Absicht, sich ein prächtiges Schloss bauen zu lassen, aber wohl nicht die, damit dann zufrieden zu sein. Aus den Wagner geschilderten drei Jahren wurden siebzehn, aus drei Millionen Mark sechs, und während an Neuschwanstein gebaut wurde, ließ Ludwig zwei weitere, kleinere Schlösser, Linderhof und Herrenchiemsee, errichten und plante bereits die nächsten. Eine Art luxuriöses Hamsterrad, scheint mir, und ein Hamster mit Krone. Ab 1884, fünfzehn Jahre nach Baubeginn, waren die ersten Zimmer Neuschwansteins bewohnbar. Nur 172 Tage, ein knappes halbes Jahr, lebte Ludwig hier. Bereits als er das Schloss in Auftrag gab, war sein psychischer Zustand ziemlich fragwürdig, eine Geisteskrankheit kann man ihm aus heutiger Sicht nicht unterstellen, aber doch die Sucht nach immer mehr. In dem halben Jahr hier wurde er vom Märchenkönig zum König der Nacht, schlief tagsüber, ließ nur noch seine engsten Bediensteten an sich heran und stand wegen des Baus seiner Schlösser kurz vor dem Bankrott. Ein paar Tage nach seiner Absetzung, in deren Rahmen er in einer Nacht-und-Nebel-Aktion sein Schloss verlassen musste, starb er unter kuriosen Umständen im Starnberger See, im Alter von vierzig Jahren. Dass das Schloss niemals der Öffentlichkeit zugänglich gemacht werden sollte, Ludwig war wohl kein Fan der Sharing Economy, verschweigt der Schlossführer unserer Gruppe aus sechzig Touristen. Verschweigt alle fünf Minuten ein Schlossführer einer Gruppe aus sechzig Touristen. 7000 Menschen am Tag, 1,5 Millionen im Jahr. Sobald wir einen Raum verlassen haben, ist er mit der nachfolgenden Gruppe gefüllt, an keinem Flughafen dieser Welt habe ich solch ein organisiertes Gedränge erlebt wie hier. Kaum war Ludwig 1886 gestorben, wurde sein Schloss in Neuschwanstein umbenannt, bereits im gleichen Jahr erschien ein erster gemeinsamer Schlossführer für Neuschwanstein, Herrenchiemsee und Linderhof. Läuft bei ihm.

Unsere halbstündige Durchschleusung endet schließlich in zwei Souvenirläden in einem der oberen Stockwerke. Geschlechterkonform aufgereiht warten hier rosa Prinzessinnen-, Traumschloss- und Einhörner-Malbücher neben blauen Burgen-, Schlösser-, Ritterversionen, auch an Plastikkrönchen und -ritterhelmen mangelt es nicht. Als Licht am Ende des dunklen Flurs lockt ein großer Balkon mit einem herrlichen Blick auf die Berge Richtung Österreich. Kurz überlege ich, mich an den Rand des Balkon zu stellen und mein Haar herunterzulassen, erinnere mich dann daran, dass ich Märchen noch nie mochte und meine Haare auch mindestens zwanzig Meter zu kurz sind.

Das war also Neuschwanstein. Nicht ganz so schlimm, wie ich es erwartet hatte, und trotzdem irgendwie komisch. Ich sollte dem Reisegott einen hausgemachten Apfelstrudel opfern, beschließe ich, noch nicht den eine Woche lang anhaltenden Muskelkater vom Abstieg ahnend, und gebe meine Bestellung an der Kasse des kleinen Cafés im Schloss auf.

»Wie viele?«
»Einen.«

Was lernen wir von Ludwig? Unser Leben nicht mit dem Aufbau von etwas zu verschwenden, wofür wir dann keine Zeit mehr haben? Dass große Träume in kleinen Schneekugeln enden können? Ich hole meine Schneekugel aus meiner Jackentasche: »Inhalt nicht zum Verzehr geeignet«.

KAPITEL 25

Die Aussicht auf Leben oder: Warten in Dortmund

Neulich hatte ich eine total tolle Idee.
Für übermorgen.
Das war vorgestern.

Nachts um zwei stehe ich auf einem Bahnsteig des Dortmunder Hauptbahnhofs. Die Zugtür piept, knallt ins Schloss, der Zug rauscht ab.
»Final destination: Dortmund Hauptbahnhof«, hatte er gesagt.

Ich schaue nach links, ich schaue nach rechts.

Nachts um zwei stehe ich alleine auf einem Bahnsteig des Dortmunder Hauptbahnhofs. Warmer Sommerwind füllt das leere Gleisbett, Dunkelheit schweigt mich an.

»Setz dich doch erst mal«, sagt die graue Bank vor mir. Ich lasse meinen Rucksack fallen und setze mich.

Bahnsteige liegen schlafend nebeneinander. Laternen flimmern orange, benommen summt die blaue Zuganzeige vor sich hin.

Eine total tolle Idee.

Handy, zwei, drei; Auto, zwei, drei.

Am Bahnsteig gegenüber steht eine große, erleuchtete Werbetafel. Sie wechselt alle drei Sekunden zwischen zwei Plakaten, sie ist also eigentlich zu zweit.

Handy, zwei, drei; Auto, zwei, drei.

Das kommt mir wahnsinnig anstrengend vor. Ich neige meinen Kopf zur Seite und kneife nachdenklich die Augen zusammen.

»Ist das nicht anstrengend? Immer so hin und her?«, frage ich.

Handy, zwei, drei; Auto, zwei, drei.

»Ist das nicht anstrengend? Immer so hin und her?«, fragt die Werbetafel.

Handy, zwei, drei; Auto, zwei, drei.

»Ähm ...«

Schüchtern schauen die Lichter des Deutschen Fußballmuseums in die Nacht hinein. Auf dem Snackautomaten klebt ein *Scheißverein*-Sticker über dem Coca-Cola-Logo.

Jack Johnson und seine Gitarre setzen sich neben mich und fangen an zu singen: »Well I was sitting, waiting, wishing ...«

»Jetzt nicht, Jack«, sage ich und verdrehe die Augen. Sie stehen auf und gehen.

»Schön hier, ne?«, sagt die Bank.
»Ja, schön ... ruhig«, sage ich.

Handy, zwei, drei; Auto, zwei, drei.

Wir schweigen.

»*Dortmund ist eine Großstadt in der Metropolregion Rhein-Ruhr in Nordrhein-Westfalen*«, sagt mein Handy. »*Die kreisfreie Stadt gehört zum Regierungsbezirk Arnsberg und war 2010 zusammen mit anderen Städten des Ruhrgebiets Kulturhauptstadt Europas.*«

»Aha«, sage ich.

Handy, zwei, drei; Auto, zwei, drei.

»Was machst du hier?«, fragt die Bank.
»Beyoncé.«
»Beyoncé?«
»Ich fahr zu Beyoncé.«
»Wo ist Beyoncé?«
»In Kopenhagen.«
»Oh«, sagt die Bank. »Das ist … ganz schön weit weg.«
»Fünfzehn Stunden und 'ne halbe, von Würzburg aus«, sage ich und gähne.
»InterCity 2020 nach Hamburg Altona um 3.30 Uhr, heute 30 Minuten später«, sagt der Lautsprecher.
»Sechzehn Stunden«, sagt die Bank.

Handy, zwei, drei; Auto, zwei, drei.

»Weißt du, was witzig ist?«, sage ich. »Am Stuttgarter Bahnhof gibt's jetzt so 'nen neuen Warteraum, eine Glasbox mit aufgeklebten Bäumen, 'nem Greifvogel und einem Reh an der Scheibe. Über dem Eingang steht: *Alles nimmt ein gutes Ende für den, der warten kann. Leo Tolstoi*«

Handy, zwei, drei; Auto, zwei, drei.

»Aha«, sagt die Bank.

»Anna Karenina wirft sich am Ende ihres Buchs vor einen Zug, und Tolstoi selber ist in einem Bahnhof gestorben. An einer Lungenentzündung, die er sich wahrscheinlich im Zug geholt hat«, sage ich. »Vielleicht saß der im Sommer mal in einem der überklimatisierten ICEs.«

»Hm«, sagt die Bank.

Handy, zwei, drei; Auto, zwei, drei.

»Deine Generation hat ein Problem mit Geduld«, sagt die Bank.

»Meine Generation hat ein Problem mit Werbetafeln«, murmle ich.

Handy, zwei, drei; Auto, zwei, drei.

»Ja, ich warte halt nicht gerne«, sage ich. »Wie kann uns die Aussicht auf Leben von genau jenem abhalten? Mir widerstrebt das.«

Handy, zwei, drei; Auto, zwei, drei.

»Mag sein, vielleicht hatten die Leute früher mehr Geduld«, lenke ich ein. »Sie mussten aber auch länger warten, auf die Postkutsche oder das warme Wasser oder den Zug oder so, so dass das ja wieder beim Gleichen rauskommt. Weißte? Wir haben weniger Geduld, müssen aber auch weniger lange warten.«

»Wenn du meinst«, sagt die Bank.

Handy, zwei, drei; Auto, zwei, drei.

»Keiner bereitet dich aufs Warten vor. Mach mal dies, mach mal das, räum dein Zimmer auf, geh zur Schule, mach den Führerschein, den Abschluss, die Zeile im Lebenslauf. Dann musst du warten, und dann heißt es, das kannst du aber noch nicht gut.«

Handy, zwei, drei; Auto, zwei, drei.

»Ich bin mir außerdem ziemlich sicher, dass noch nie jemand Warten geil fand. Warten ist wie so'n Wecker. Wenn der Wecker in meinem Handy klingelt, kann ich *Schlummern* drücken, wenn er kurz darauf noch mal klingeln soll, oder o.k. Wenn ich o.k. drücke, bleibt der Wecker aus. Und genau das sind Wecker ja auch: okay. Nicht so geil, aber muss halt. Und Warten ist halt auch okay. So wie ... Cookies auf Webseiten, mit dem Schaltwagen im Stau stehen, Schnee im April. Wenn anwesend, dezent alternativlos.«

Handy, zwei, drei; Auto, zwei, drei.

»Warten ist wichtig. Psychologisch gesehen«, sagt die Bank.
»Trotzdem doof«, sage ich. »Das schließt sich ja nicht aus.«

Handy, zwei, drei; Auto, zwei, drei.

Die Wärme der Julinacht verlässt uns allmählich und verschwindet Richtung Wuppertal in den tiefen, dunklen Himmel. Ich ziehe meine Jacke an und den Reißverschluss hoch. Mein Fuß beginnt zu wippen. Zu faul, meinen Ärmel hochzuziehen oder die Hände aus den Taschen zu nehmen, schicke ich meinen Blick auf die Suche nach einer Uhr in Sichtweite. Er findet die Bahnhofsuhr über der blauen Zuganzeige.

Zwei Uhr Siebenunddreißig.

Handy, zwei, drei; Auto, zwei, drei.

Zwei Uhr siebenunddreißig ein Viertel.
…
Zwei Uhr siebenunddreißig ein halb.
…
Zwei Uhr siebenunddreißig drei Viertel.

Der rote Sekundenzeiger bleibt für zwei Sekunden an der Zwölf hängen, beeilt sich dann wieder, kommt eine Sekunde zu früh auf der Zwölf an und wartet wieder zwei Sekunden, bis er seinen Kreislauf erneut beginnt.

Schneeeell – warten.
Schneeeell – warten.

Jedes Mal. Jede Minute. Das kommt mir wahnsinnig anstrengend vor.

»Ist das nicht anstrengend?«, frage ich.
»So bin ich immer pünktlich«, sagt der Sekundenzeiger.
»Ist das nicht anstrengend?«
»Warten ist, wie zu spät sein, nur umgekehrt«, sage ich.
»Deswegen bin ich immer lieber zu spät.«

Ein Höllenlärm unterbricht unser Schweigen. Ein Zug donnert an uns vorbei, ein rasender, verschwommener, weißrotschwarzweißer Streifen. Für ein paar Sekunden rauscht es, dann herrscht wieder Stille.
Stille mit Werbetafel.

»Beyoncé muss bestimmt auch mal warten«, sagt die Bank.
Ich überlege kurz. »Ich glaube, Beyoncé lässt warten. Die hat da bestimmt Angestellte für, die übernchmen das.«

Handy, zwei, drei; Auto, zwei, drei.

»Kennst du den Hummel-Mythos?«, frage ich.

»Den was?«, fragt die Bank.

»Das Gerücht, dass die zu dick zum Fliegen sind? Das hat ein französischer Forscher in der ersten Hälfte des 20. Jahrhunderts in die Welt gesetzt. Hummeln sind aber nur zu dick zum Fliegen, wenn man ihre Flugart mit der eines Flugzeugs vergleicht, das seine Tragflächen nicht bewegt. Aber Hummeln bewegen ihre Flügel, deswegen macht es nichts, dass die so dick sind.«

»Aha«, sagt die Bank.

»Vielleicht sind wir alle Hummeln«, sage ich.

Handy, zwei, drei; Auto, zwei, drei.

»Ich möchte gar keine Hummel sein«, sagt die Bank. »Woanders is' auch scheiße.«

»Mag sein«, sage ich. »Aber es ist eben anders scheiße, und das kann man sich ja mal angucken.«

Handy, zwei, drei; Auto, zwei, drei.

»Ich habe mal gehört, wer viel unterwegs ist, fühlt sich oft rastlos oder hat Angst, irgendwo anzukommen«, sagt die Bank.

»Verstecken ist auch nur Flüchten für Faule«, sage ich. »Weil sich Wohnen und Verstecken aber nicht so genau differenzieren lassen, würden wir nie auf die Idee kommen, bei Leuten zu klingeln, die irgendwo wohnen, und sie zu fragen, wovor sie denn Angst hätten, dass sie hier wohnen würden, nach dem Motto, da sie ja nie die Stadt verlassen würden, müssten sie sich ja vor irgendetwas verstecken.«

Handy, zwei, drei; Auto, zwei, drei.

»Warten an sich ist eigentlich 'ne super Sache«, sagt die Bank. »Weil man weiß, dass irgendwas kommt.«

»Manchmal kommt aber auch nix. Oder nichts Gutes.«

»Vielleicht braucht ihr Menschen das«, sagt die Bank. »Dass einfach mal nichts ist.«

»Aber es ist ja was«, sage ich. »Deswegen kann man ja beim Warten nichts anderes tun.«

»Aber wir reden doch gerade«, sagt die Bank.

»Ja. Übers Warten.«

»Wir können ja auch über was anderes reden«, sagt die Bank.

»Ja«, sage ich.

Handy, zwei, drei.

KAPITEL 26

Oben, unten, links, rechts

Ich bin ein Nordsee-Kind. Ich weiß nicht, ob es so was gibt, aber wenn es das gibt, dann bin ich eins. Das liegt an zwei Dingen: In den Ferien meiner Kindheit war ich nur dort, und die Ostsee mag mich nicht. Neulich war ich einmal kurz in Travemünde, und sofort hat mir eine Möwe mit einem zielgenauen Treffer zu verstehen gegeben, dass ich hier nicht willkommen sei, und dann dachte ich mir, =?*&§%! dich und ja, du hast recht, ich muss unbedingt mal wieder an die Nordsee. Nun bin ich auf dem Weg dorthin: Der Zipfelpass zwingt mich tragischerweise dazu. List auf Sylt ist der nördlichste, vierte und damit letzte Zipfel auf meiner Liste. Warum genau ich in den über zwanzig Jahren meines Lebens nie dort war, lässt sich nicht mehr wirklich rekonstruieren, es scheint mir, ich bin wohl eher ein Festland-Nordsee-Kind. Meine Erfahrung mit Nordseeinseln beschränkt sich jedenfalls auf den Urlaub auf einer dänischen Insel vor ein paar Jahren und auf eine Wangerooge-Klassenfahrt in der fünften Stufe, die mir vor allem dadurch in Erinnerung geblieben ist, dass ich damals versuchte, mit dem übermäßigen

Konsum von Streichkäse-Broten etwas Gewicht zuzulegen, eine Herausforderung, auf die mein heutiges Ich nur noch neidisch zurückblicken kann.

Sylt, das war für mich bisher eine leckere Salatsoße im Supermarkt, ein länglicher Aufkleber auf diversen Autos überall in Deutschland und die Filialen der Fisch-Kette an den großen Bahnhöfen, bei denen ich mir hier und da ein Krabbenbrötchen mit extra viel Remoulade gekauft habe, bevor die immer teurer wurden, ein Umstand, der meines Wissens nach auch für die Insel selbst gilt, was der wesentliche Grund dafür gewesen sein dürfte, dass ich bisher noch nicht da war. Die dreistündige Intercity-Fahrt von Hamburg aus führt über wunderbar flaches, weites Land immer weiter gen Norden. Auf der zwei Kilometer langen Hochbrücke über Hochdonn nimmt der Zug erst Anlauf und scheint dann vierzig Meter über dem Wasser des Nord-Ostsee-Kanals zu schweben. Anfang der Neunziger lerne ich eher unfreiwillig auf Wikipedia, war diese Brücke Mittelpunkt eines skurrilen Prozesses: Ein Anwohner verklagte die Bahn wegen des Öfteren auf sein Grundstück fallender Überreste der Zug-Plumpsklos. Seit wann sind wir noch mal offiziell ein Erste-Welt-Land?

Nach dem letzen Festlandhalt im Bahnhof Niebüll brettern wir über den elf Kilometer langen Hindenburgdamm. Auf beiden Seiten des Zuges sind es nur wenige

Meter bis zum Wasser der Nordsee, ein ungewohnter, wunderbar entspannender Ausblick. Als ich am Bahnhof Westerland ankomme, verstehe ich sehr gut, warum ich hier bisher noch nie war: kein Ausblick. Stattdessen: Rentner. Und Urlauber. Und urlaubende Rentner. Nur fünf Prozent der 17 000 Einwohner dieser Insel wurden hier geboren, das wusste ich, nur wie viele Tausend Urlauber sich hier gleichzeitig auf dem Eiland aufhalten, hatte ich nicht nachgeguckt. Ein kurzer Spaziergang durch Westerlands Einkaufsstraße offenbart mir eine ungeheure Masse an unbedacht unschönen Betongebäuden, überall Läden, überall Konsum, mit Inselromantik hat das hier nicht viel zu tun. Gott sei Dank bringt mich der öffentliche Touristen-Nahverkehr in einer halben Stunde raus aus der komischen Stadt mit dem komischen Namen und über diverse kleine Ortschaften dahin, wo ich hinmöchte: nach List.

List hat 1500 Einwohner, noch weniger als Tüddern im westlichen Zipfel, bietet aber die erste Gosch-Filiale und die einzige Austernzuchtfarm unseres Landes, ein weiterer guter Grund dafür, dass ich bisher noch nie hier war. In Reminiszenz an die Wangerooge-Klassenfahrt habe ich mich in der örtlichen Jugendherberge eingemietet, die auf halbem Weg zwischen dem Ortskern an der Ostseite des Nordzipfels und dem nördlichen Ausläufer des vierzig Kilometer langen Sandstrandes an der Westseite der Insel liegt, circa zwanzig Gehminuten in jede Richtung.

In der Vitrine neben der Rezeption machen hübsch aufgereihte Sylt-Krimis besondere Lust auf den einsamen Strandspaziergang, den ich gleich vorhabe. Stolz verzichte ich darauf, mir ihre Inhaltsbeschreibungen durchzulesen, denn ich habe meine Hausaufgaben gemacht und von dem Tag gelernt, an dem ich tagsüber an einer Filmtour auf der hawaiianischen Insel teilgenommen habe, auf der Jurassic Park gedreht wurde, und dann abends in meiner hawaiianischen Holzhütte saß und alleine Jurassic Park auf Video geschaut habe, während die Palmen draußen auf der Terrasse komische Geräusche von sich gaben. Stattdessen beziehe ich in weiser Voraussicht, da abends überhaupt keine Lust mehr drauf zu haben, schon mal mein Bett im leeren Viererzimmer.

Mit Kopfhörern und Schal ausgestattet mache ich mich auf den Weg Richtung Strand. Ein schöner Zipfel ist das hier, eine weite Dünenlandschaft, das seichte Wasser zwischen Insel und Ellenbogen erinnert mich an das irische Galway, was mich wiederum an den Anti-Stuttgart21-Sticker erinnert, den ich dort auf einer Straßenlaterne kleben sah. Stuttgart ist sehr weit weg hier oben: Mein Handy verbindet sich automatisch mit dem dänischen Mobilfunknetz.

Am Fuß des asphaltierten Dünenweges nehme ich Anlauf und laufe den Weg hoch. Und da ist sie, die Nordsee. Rauscht und kracht an den endlosen, weißen Strand. Ist das schön hier! Sofort fühle ich mich an Australien erinnert, an die langen Strände an der Ost- und Westküste, nur Haie dürfte es hier nicht geben. Hoffentlich. Zwei Stunden lang hüpfe ich singend und tanzend über den einsamen Strand, dann lass ich mich fallen. Das hier, das muss ich mir merken. Die rauschenden Fluten, die krachenden Wellen, den weichen Sand, die salzige Luft, den für ein paar Minuten vorbeipeitschenden Regen und der Wind, der meine Kleidung genauso schnell wieder trocknet. Das alles ist immer da, jeden Tag, auch wenn ich es nicht bin, wenn ich im Zug oder in der Uni sitze, in Berlin oder in Bielefeld, dann rauschen hier die Fluten. Und eigentlich kann ich hier immer hin.

Als die Dunkelheit sich über die Landschaft legt, trete ich den mondbeschienenen Rückweg zur Jugendherberge an und lege mich in mein bereits bezogenes Bett. Nach dem typischen Herbergsfrühstück am nächsten Morgen, bei dem ich mir den Griff zum Streichkäse nicht verkneifen kann, ziehe ich mein Bett ab, hinterlege meinen Rucksack an der Rezeption und mache mich wieder auf den Weg zum Meer. Zwei Kilometer laufe ich unter der spätsommerlichen Morgensonne den Strand hoch und steuere die Dünen an, als der Gegenwind immer stärker wird. Hinterm Deich ist es ruhiger, aber hier gibt es nur eine ungemütlich aussehende, asphaltierte Straße, keinen wirklichen Fußweg. Und jetzt?
Sei achtzehn, denke ich mir, raus aus der Komfortzone,

stelle mich an die Straße, strecke meinen Arm aus und halte den Daumen hoch. Das habe ich noch nie gemacht, und es fühlt sich komisch an, aber bereits das dritte Auto fährt an die Seite, ein freundliches Rentnerehepaar sitzt darin, das auch so guckt, als hätte es das noch nie gemacht.

»Wo woll'n Sie denn hin?«, fragt die Dame.
»Da vorne zur Schranke?«
»Ja gut, steigen Sie ein.«

Nach drei ruhigen und windstillen Minuten und circa zwei Kilometern ist mein erstes Tramp-Abenteuer auch schon vorbei, wir sind vorne an der Hauptstraße angekommen. Ich bedanke mich herzlich und klettere aus dem bewundernswert sauberen Auto. In der Jugendherberge schnappe ich mir meinen Rucksack und setze mich an die Bushaltestelle, eine kleine, hölzerne Hütte. In einer spontanen Eingebung habe ich mir gestern den Zipfelpass schon auf dem Hinweg abstempeln lassen, bevor ich weiter zur Jugendherberge gefahren bin, zufällig ein höchst intelligenter Einfall, verrät mir nun der Fahrplan, denn der Bus fährt hier an der Nordspitze tatsächlich nur in einer Richtung im Kreis, entgegen dem Uhrzeigersinn. Von der Touri-Info hierhin bin ich zwar innerhalb von ein paar Minuten gekommen, die andere Richtung würde jedoch über eine halbe Stunde dauern. Der Zipfelgott meint es wohl gut mit mir. Während der Bus an der Lister Wanderdüne vorbeifährt, krame ich meinen Zipfelpass aus meinem Rucksack und mustere die vier vollständigen Stempelfelder: fast ein bisschen schade, dass es nur vier Zipfel gibt.

KAPITEL 27

Die fabelhafte Welt des Max Mustermann

Max Mustermann existiert. Er lebt in Haßloch.

Sagen sie.

Würde ich ihn treffen, würde ich ihn fragen, wie es Erika geht. Aber ich treffe ihn nicht. Ich treffe eigentlich kaum jemanden an diesem warm-heißen Samstag. Keine Schlösser, keine Touristen. Das hier ist das echte Deutschland. Das Durchschnitts-Deutschland. Das Musterhausen, die Heimat von Otto Normalkonsument, unser aller Durchschnitt. Sagt die Marktforschung.

In Mannheim in die S-Bahn, einmal umsteigen. Ein Bahnhof aus eineinhalb Bahnsteigen, drei Gleisen. Keine Treppe, nur ein steiler Weg nach unten. Eine dreckige weiße Kachelwand, Graffiti, ein paar Aufkleber. Ein Pfeil nach links, ein Pfeil nach rechts, zwei Rollstuhlaufgänge, zwei Parkplätze. Keine Stadtmitte. Nach rechts, sagt mein Handy. Ich gehe nach rechts.
Willkommen in Haßloch/Pfalz, sagt ein militärisch still-

stehendes, buntes Schild neben einem Stadtplan. Der Umriss der Gebäude auf der Karte sieht ein bisschen so aus wie der Umriss der Bundesrepublik. Baden-Württemberg ein bisschen kleiner, Sachsen und Bayern ein bisschen größer.

Eine ruhige Wohnstraße führt vom Bahnhof in den Stadtkern, einen Kilometer lang. Einen Bus gibt es auch, einmal die Stunde. Gerade nicht. *Summer Sale*, sagt ein Plakat an einer Mauer: *Last-Minute-Plakate.*
Bahnhofsstraße, sagt das Straßenschild an der nächsten Kreuzung, *Rechts: Bahnhof. Links: Friedhof.* Dahinter die Filiale einer Versicherung. Ein Scheinwerfer fällt vom Himmel. Er zerschellt auf dem gepflasterten Boden.

Seahaven – A nice place to live steht auf dem Nummernschild seines Autos. »Und das wird wieder ein neuer, wunderbarer Tag in Seahaven, Leute«, sagt das Radio. »Ihr da draußen in Radioland, vergesst nicht, euch anzuschnallen.«
Truman betritt das Bürogebäude, *Seahaven Lebens- & Unfallversicherung.* »Hier geht es um keine Versicherung«, sagt Truman ins Telefon. »Hier geht es um die große Frage: Wann tritt der Tod ein? Könnte in einer Woche, einem Monat, einem Jahr sein. Könnte heute passieren … Ein Sonnenanbeter wird von der Spitze eines entlaufenen Strandschirms mitten ins Herz getroffen. Gegen solche Sachen kann man nichts machen, rein gar nichts …«

20 000 Einwohner, Rheinland-Pfalz, hundert Meter über NN. Ein Großdorf, es könnte Stadt werden, will aber nicht. *Lust auf's Dorf*, sagt das Stadtmarketing. Dorfmarketing. Die meisten Deutschen, fast siebzig Prozent, wohnen in Orten mit weniger als 100 000 Einwohnern. Fast ein Drittel in Dörfern mit 2000 bis 5000 Einwohnern.

Sein Kollege deutet begeistert auf die Zeitung in seinen Händen. *The best place on earth – Seahaven voted planet's top town.*

Vor einem Miniautohaus stehen Autos. In den Straßen stehen Autos. Autos, die in Straßen stehen. Das machen sie sehr viel. Fünfundneunzig Prozent ihres Lebens, im Durchschnitt. Geparkte Autos, leere Straßen, undurchsichtige Häuser. Keine Menschen. Neunzig Prozent unseres Lebens verbringen wir in Häusern. Hätte es sich sonst gelohnt, sie zu erfinden? Eine graugestreifte Gardine weht aus einem Fenster, der Wind verschwindet. Sie bleibt hängen.

Diese ruhigen Straßen sind die große Liebe der deutschen Marktforschung. Einkommen, Haushalte, Singles, Familien, Kaufkraft, Alter, Ethnien, Wahlergebnisse, alles wie der deutsche Durchschnitt. Zufällig. Nicht so romantisch wie Hollywood, aber beständiger als die Realität. Seit 1986 testet hier die 1935 gegründete GfK, die Gesellschaft für Konsumforschung, das größte deutsche Marktforschungsinstitut. Dreißig Jahre Partnerschaft, doppelt so lange wie der Durchschnitt der deutschen Ehen.

Ein Auto fährt um die Ecke, ein Käfer mit verbeulter Stoßstange. Warme Luft, blauer Himmel.
Eine leere Bushaltestelle, gegenüber eine leere Spielstraße.

»Und was ist mit dir, Truman?«, fragt seine Lehrerin.
»Ich möchte Entdecker werden«, sagt Truman, sieben Jahre. »Wie Magellan.«
»Ich fürchte nur, niemand wird dir das bezahlen wollen, Truman. Du wirst dir vielleicht etwas Handfestes suchen müssen.«
Mit einem nachhaltigen Griff zieht sie die Weltkarte im Klassenraum herunter. »Außerdem bist du zu spät dran. Es gibt nichts mehr zu entdecken.«

Eine Albert-Einstein-Straße. Eine Bismarck-Straße. Ein Friedrich-Ebert-Platz. August Bebel. Bertolt Brecht. Bertha von Suttner. Marie Curie. Carl Benz. Beethoven. Dürer. Humboldt. Robert Bosch, Robert Koch, Robert Schumann.

Hinterhöfe. Wahnsinnig viele Hinterhöfe. Und Tore. Geschlossene Tore zu geschlossenen Hinterhöfen. Sehr viele. Ich hatte es mir … größer vorgestellt. Lebendiger. Voller. Städtischer. Höher. Komplexer. Bunter. Ein Fachwerkhaus, verbarrikadierte Fenster im Erdgeschoss. Niedrige Gebäude, enge Straßen.

Fast die Hälfte aller Haßlocher Haushalte, die Menschen hinter 3400 Haustüren, haben eine spezielle Chipkarte zum Einkaufen in den örtlichen Supermärkten. Was sich hier verkauft, verkauft sich anderswo. Meistens. Lenor, Pick Up, Dove, Pringels. 30 000 Waren kommen neu oder überarbeitet jedes Jahr in Deutschland auf den Markt, ein Drittel davon hat Erfolg. Monatelang dauert der Test eines Produkts, unterstützt von zusätzlicher Werbung in der örtlichen Fernsehzeitung, Fernsehwerbung, die per Knopfdruck eingespielt wird, wenn der Rest des Landes eine andere sieht. Ein realer Testmarkt.

Meryl kommt nach Hause.
»Hi, Liebling. Schau dir das an. Das ist ein *Chef's Mate* – Würfelschneider, Hobel und Kartoffelschäler in einem. Braucht nie geschliffen zu werden. Und ist spülmaschinenfest.«
»Wow. Ist ja toll.«
»Was tust du hier unten?«
»Den Rasenmäher reparieren.«
»Wir sollten den Rasenmäher wegwerfen. Kauf einen neuen Elk Rotary!«

Es ist kurz nach 13 Uhr. Dort, wo eben noch ein Markt gewesen sein soll, stehen schon wieder zweieinhalb Autos.

»Marlon, ich überlege auszusteigen.«
»Ach ja? Aus was?«
»Aus meinem Job, aus Seahaven, weg von dieser Insel … raus!«
»Aus deinem Job? Was zum Teufel ist mit deinem Job? Du hast einen großartigen Job. Du hast einen Job am Schreibtisch. Ich würde für einen solchen Job jemanden umbringen.«

Vor allem Metallverarbeitung gibt es hier. Eines der größten Werke der Welt, das die erste 0,5-l-Bierdose hergestellt hat. Eine Ballettschule, ein Tattooladen, eine Galerie, ein Klamottendiscounter, ein Reisebüro, ein Dönerladen, *Vitamin-Döner. Paradies-Nagelstudio.* Bäume rascheln.

»Hat's dich noch nie gejuckt?«, fragt Truman.
»Wohin soll man denn gehen?«, fragt Marlon. »Ich habe noch nie jemanden getroffen, der Seahaven verlassen wollte.«
»Fidschi.«
»Truman, weißt du, einmal habe ich auch darüber nachgedacht, von hier wegzuziehen.«
»Was ist passiert?«
»Ich hab mir dann überlegt, um was geht's eigentlich. Mir wurde klar, dass ich meine Probleme nur mitschleppen würde.«
»Als du die Hühner für ›Kaiser's Hähnchen‹ ausgefahren

hast, wie weit bist du damals von der Insel weggekommen?«

»Ich bin überall rumgekommen, aber ich habe niemals so einen Ort wie diesen gesehen. Schau dir den Sonnenuntergang an, Truman. Er ist perfekt.«

Es quietscht. Sämtliche Passanten auf der Straße fassen sich schmerzverkrümmt ans rechte Ohr.

»Wir könnten achttausend zusammenkratzen.«
»Jedes Mal, wenn du und Marlon …«
»Wir könnten davon ein Jahr lang um die Welt reisen.«
»Und was dann, Truman? Wir wären dann wieder da, wo wir vor fünf Jahren gewesen sind. Du redest wie ein Teenager.«
»Vielleicht fühle ich mich wie ein Teenager.«
»Wir sind bis zur Halskrause verschuldet, Truman. Da sind die Autoraten. Sollen wir einfach vor unseren Verpflichtungen davonlaufen?«
»Es wär ein Abenteuer.«
»Ich dachte, wir würden versuchen, ein Baby zu bekommen. Ist das nicht genug Abenteuer?«
»Das kann warten. Ich will hier weg. Etwas von der Welt sehen. Entdecken.«
»Du willst ein Entdecker sein? Du hast nicht mal einen Pass, Truman. Ich wette, du weißt auch nicht, wie man einen bekommt. Das geht vorüber. Jeder denkt mal so von Zeit zu Zeit.«

Ein Elektrofachgeschäft. Geschlossen. Samstags bis 12 Uhr.

Der Fernseher läuft.
»Der heutige Golden Oldie«, sagt der Fernseher, »ist der vielgeliebte Klassiker *Zeig mir den Weg nach Haus*. Eine Hymne auf das Leben in der Kleinstadt, die uns lehrt, dass man nicht in die weite Welt hinausziehen muss, um den Sinn des Lebens zu entdecken. Kein Mensch ist arm, der Freunde hat ...«

Zehn Jahre seines Lebens verbringt ein Deutscher im Schnitt vor dem Fernseher.

Schmale Glasvitrinen hinter der Kirche: Theaterverein. Kneippverein. Pfälzerwald-Verein. Aquarienverein. Karnevalverein. Marinekameradschaft. Skiclub. Gemeindefest. Wein im Schaufenster der geschlossenen Touristeninfo.

»Also, warum willst du hin?«, fragt Meryl.
»Weil ich noch nie da war. Deshalb fährt man doch weg, richtig?«

Neben dem grauem Beton-Rathaus hat eine neonfarbene Eisdiele geöffnet.
1 Kugel: 90 Cent,
2 Kugeln: 1,80 Euro
... selber rechnen!

Truman sitzt im Reisebüro. An der Wand hängt ein Plakat.

> Reisende, Achtung: Haben Sie genug Reiseversicherungen abgeschlossen gegen
> · Terroristen
> · Krankheiten
> · Wilde Tiere
> · Straßengangs?

»Ich möchte einen Flug nach Fidschi buchen.«
»Wann wollen Sie fliegen?«
»Heute.«
»Tut mir leid, ich habe in den nächsten vier Wochen keine freien Plätze mehr.«
Ein weiteres Plakat neben ihm: Inmitten eines grauen Gewitterhimmels ein Flugzeug, dessen Flügel, getroffen von einem Blitz, zerbricht. Darüber in Großbuchstaben: »IT COULD HAPPEN TO YOU!«

Ein Schild verweist auf eine Zahnarztpraxis und das Büro der Gesellschaft für Konsumforschung. Neben einer leeren Minispielhalle mit bunten Sternen an den Milchglasfenstern liegt eine durchsichtige Haustür. Erster Stock: Zahnarzt. Erster und zweiter Stock: GfK. Ich klingle. Niemand macht auf. Macht Marktforschung Wochenende?

»Wie kommt es, dass Truman noch nie die wahre Natur seiner künstlichen Welt durchschaut hat?«, fragt ein Reporter.

»Wir alle akzeptieren die Realität unserer Welt, mit der wir konfrontiert werden«, antwortet der Regisseur. »Als die Show größer wurde, mussten wir natürlich auch nach neuen Wegen suchen, um Truman in Seahaven zu halten – ihm demonstrieren, dass jede Handlung ein Risiko in sich trägt.«

»Was war die längste Zeitspanne, in der Truman nicht auf dem Bildschirm zu sehen war?«

»In seinem ganzen Leben: 42 Minuten. Ein technisches Versagen im zwölften Jahr der Show ist hauptsächlich dafür verantwortlich. Die restlichen Minuten gehen auf Trumans Konto, als er sich in jungen Jahren aus den Aufnahmebereichen unserer Kameras entfernte und wir ihn wegen des toten Winkels nicht filmen konnten.«

»Wie können Sie sagen, dass er ein Leben wie jeder andere führt?«, fragt eine empörte Zuschauerin. »Er ist kein Schauspieler. Er ist ein Gefangener.«

»Und können Sie mir beweisen, dass Sie keine Schauspielerin auf der Bühne des Lebens sind, dass Sie nicht Ihre angelernten Rollen spielen? Er kann jederzeit gehen. Wenn er mehr empfinden würde als einen vagen Wunsch, wenn er also mit absoluter Entschiedenheit die Wahrheit entdecken wollte, dann gäbe es für uns kein Mittel, ihn davon abzuhalten. Ich glaube, was Sie wirklich aufregt, ist die Tatsache, dass Truman sich in seiner kleinen ›Zelle‹ – wie Sie es nennen – ganz wohl zu fühlen scheint.«

Deutschland. Deutschland?
Vielleicht ist Deutschland ruhig. Vielleicht habe ich keine Ahnung, was Deutschland ist. Wie Deutsche sind. Was deutsch ist. Vielleicht gibt es keinen Durchschnitt. Vielleicht sind wir es alle.

Ich könnte es nicht. Hier leben. Vielleicht sind wir bei aller Veränderung, der Forderung und dem Wunsch nach ihr doch nur ziemlich gefangen in dem, was uns als normal beigebracht worden ist. Vielleicht bin auch ich nur gefangen. In dem, was ich kenne, in dem, was ich brauche, in dem, was ich möchte. In meinem Bewegungsdrang, dem Radius meiner Neugierde, dem zumindest gelegentlichen Bedürfnis nach Hochhäusern, nach fremden Gesichtern, nach bunten Lichtern und Straßenecken, die ich noch nie gesehen habe. Nach Sekunden, die ich nie wiedersehen werde, nach Gedanken, die niemand weiß, nach Schönheit, die in der einzigen Sekunde ihrer Existenz weiterlebt. Vielleicht bin ich nicht so deutsch, wie ich dachte. Die süße Illusion eines Großstädterlebens? Acht Millionen Deutsche leben in Millionenstädten.

Zurück Richtung Bahnhof, ein leerer Spielplatz, drei spitze Dächer, zwei Hängebrücken, eine Rutsche. Müllermilchflaschen auf staubigem Gras. Wie auf jedem vernünftigen Spielplatz zieren Hinterlassenschaften von bunten Eddings das hölzerne Geländer:

Wir waren hier.

Lange ist es her: Auf leeren Spielplätzen sitzen und übers Leben philosophieren.

Liebe ist Chemie.
Sie ist eine chemische Reaktion zwischen
Monoamin, Dopamin, Noradrenalin und Serotonin.
Sie wird durch Phenylethylamin gesteuert.
Das gibt es auch in Schokolade und Erbsen.

»Warum willst du ein Kind von mir haben? Du kannst mich nicht ausstehen.«
»Das ist nicht wahr. … Lass mich dir doch eine Tasse von diesem neuen Kokakua-Drink machen«, lächelt Meryl und präsentiert eine braune Verpackung. »Ganz naturrein. Kakaobohnen von den oberen Hängen des Mount Nicaragua. Keine künstlichen Süßstoffe.«
»Wovon zum Teufel redest du überhaupt?«
»Ich habe andere Kakaosorten probiert. Diese hier ist die beste.«

Wenn ich jetzt sterben müßte, würde ich sagen:
›Das ist / war alles?‹

Und: ›Ich habe es nicht so richtig verstanden.‹
Und: ›Es war ein bisschen laut.‹

Ein Ortsausgangsschild steht an der Straße. *SIE VERLAS-SEN JETZT SEAHAVEN. Sind Sie sicher, dass das eine gute Idee ist?*

»Für den Fall, dass ich Sie nicht mehr sehe«, sagt Truman jeden Tag zu seinen Nachbarn, »guten Nachmittag, guten Abend und gute Nacht.«

Und noch nie war ich so froh, wieder weg zu sein.

KAPITEL 28

Zurück in der Zukunft

Da bin ich wieder: zwischen den hohen Häusern, den mehrspurigen Straßen, fremden Gesichtern, den bunten Lichtern und den Menschenmassen, die Freiheit verströmen. Und fühle mich pudelwohl.

Meine Mutter ist fast sechzig und hält sich selten an die Botschaft von Werbeplakaten. Auf dem Rückweg von einem Badeausflug fuhren wir neulich an einem Schild an der Berliner Autobahn vorbei: »Kommen Sie mit Ihren Kindern nach Berlin. Die sind später sowieso hier.«

Zugegeben, meine Mutter ist sowohl dieser Kampagne als auch mir zuvorgekommen und nach Berlin gezogen, kurz nachdem ich Bielefeld nach dem Abitur verlassen habe. Anfangs habe ich versucht, bei jedem Besuch, egal ob übers verlängerte Wochenende oder in den Semesterferien, dem Brandenburger Tor hallo zu sagen. Das sieht ja jeden Tag so viele Touristen, die nie wiederkommen, dass es sich bestimmt auch mal freut, jemanden öfter zu sehen. Irgendwann hatte ich da dann keine Zeit mehr für, zumindest nicht jedes einzelne Mal, und ich glaube, ab dem Zeitpunkt war ich in Berlin zu Hause. Vielleicht ist zu Hause einfach da, wo man – vermeintlich? – keine Zeit mehr für Sehenswürdigkeiten hat? Wo man nicht bei jedem Besuch jeden in der Stadt sehen kann. Irgendwann in der Oberstufenzeit, als meine Mutter noch nicht hier lebte, war ich innerhalb eines Jahres viermal in Berlin, und durch die Tatsache, dass ich mich daran immer noch erinnere, merke ich, wie cool ich das damals fand. Jetzt denke ich mir, vielleicht ist zu Hause da, wo man nicht mehr jedes Mal postet, dass man gerade da ist, wo man nicht mehr zählt, wie oft man schon da war.

Was ist das Magische an dieser Stadt? Nach all den Jahren versuche ich, immer noch herauszufinden, was Berlin zu Berlin macht. Es ist so normal geworden und doch so besonders geblieben. Vielleicht sind es die Frühlingstage, an denen ich mit meinen Inlinern, die mich früher quer durch Bielefeld und in Stuttgart den Killesberg runterkatapultiert haben, auf dem Tempelhofer Feld herumdüse. Vielleicht sind es die zahlreichen kleinen Momente, von denen ich nicht mehr weiß, in welchem Stadtteil sie stattgefunden haben, weil ich mich damals noch nicht so gut auskannte, aber ich weiß, dass sie hier stattgefunden haben. Vielleicht war es der Moment, in dem ich mitten in der Nacht auf dem Weg zur Notapotheke am Kudamm war. Vielleicht war es der Weihnachtsabend, an dem meine Ma und ich mit 30 000 Menschen und 10 000 Kerzen im Stadion an der alten Försterei unter äußerst fragwürdigen Brandschutzbedingungen Weihnachtslieder gesungen haben, oder der andere Weihnachtsabend, an dem ich krank im Bett lag und mir dachte, welche unfreiwillige, aber intensive Verbindung zu einem Ort besteht, an dem wir krank im Bett liegen. Wenn wir einfach nicht in der Lage sind, den Ort wieder zu verlassen, und uns fallen lassen müssen. Den Status quo akzeptieren, auf den Ort, die Ruhe und Genesung, die er einem geben kann, vertrauen müssen.

Berlin, das ist der kleine Supermarkt um die Ecke, dessen Kassenbänder so schmal sind, dass man die Absperrteile schräg hinlegen muss. Der Fruchtsaft, den es überall in Deutschland gibt, aber für mich gehört er zu Berlin, und deswegen trinke ich ihn nur hier. Der Copyshop im Kiez, in dem ich zahlreiche Hausarbeiten ausgedruckt und sie dann nebenan im Postladen abgegeben habe. Die warme Sommernacht mit den offenen Fenstern und der lauten Musik auf der Stadtautobahn. Die Kampfsportschule mit der Glasfassade und das Rockerrestaurant mit den Harleys an der Autobahn. Berlin ist wie die coole große Schwester, die ich nie hatte. (Falls Sie sich jetzt Sorgen machen, ob ich eine große Schwester habe, die nun erfährt, dass ich sie für uncool halte: Ich bin Einzelkind.) Diese große Schwester nimmt mich mit zu Kulturveranstaltungen in verwunschenen Hinterhöfen, zu Start-up-Partys und Dachterassenabenden, zu Radtouren an der

Spree und Geheimtipp-Badeseen. Vielleicht bin auch ich selbst meine coole große Schwester, wenn ich in dieser Stadt bin.

Berlin sagt: »Sei einfach du.«
Und ich so: »Wer bin ich?«
Und Berlin so: »Die, die du heute bist. Die bist du heute.«
Und ich so: »Yo, geht klar. Danke.«

Berlin ist schon jetzt die größte WG, in der ich je leben werde: Irgendjemand ist immer hier. Der Kollege vom FSJ in Stuttgart? Neulich hergezogen. Die Freundin aus meiner Bielefelder Schulzeit? Macht hier gerade ein Praktikum. Die Bekannte von meiner Weltreise? Auf Wochenendbesuch. Die einzige Stadt, in der sich fast alle meine Lebensabschnitte und ihre Menschen treffen. Die Fassaden der Stadtteile sind mit Erinnerungen an die verschiedensten Zeiten beklebt, die ich nie werde abnehmen können und wollen, von dem allerersten Wochenende hier mit meiner Mutter vor ungefähr fünfzehn Jahren bis zu dem Nachmittag letzten Donnerstag.
Mit ihrem Umzug hat meine Mutter diese Stadt zu einem Zuhause für mich gemacht. Eine spezielle Art von Zuhause, weil es einerseits ein familiäres ist, andererseits ich zu Besuch bin; wenn ich hier bin, schlafe ich auf dem Schlafsessel, auf dem in meiner Wohnung in Stuttgart Freunde geschlafen haben, die zu Besuch waren. Wo fährt man spontan und selbstverständlich eine ganze Stunde

lang irgendwohin, um Freunde zu treffen? Der ICE zwischen Stuttgart und Mannheim braucht weniger als das. Du fährst zwar eine Stunde, sagt Berlin, aber bist immer noch in der gleichen Stadt, diese Stunde ist also weniger spektakulär, als wenn du den Ort verlässt, dementsprechend kannst du sie auch selbstverständlicher zurücklegen. Stimmt, sagt mein Gehirn, und lässt mich in die S-Bahn steigen, in der es nie langweilig wird. Vielleicht weil die Stadt zu groß und aufregend ist, um zu vergessen, dass man nicht schon alles kennt, es nicht noch so viel zu entdecken gäbe. Weil die Frische der Stadt das Einschlafen verhindert. Berlin erinnert mich daran, dass in jedem Ort mehr steckt, als wir wissen können, und gleichzeitig habe ich doch nie das Gefühl, etwas zu verpassen.

In den Straßen dieser Stadt schläft eine ungewöhnliche Gewissheit: Ich bin fest davon überzeugt, dass ich hier mal selbst leben werde. Nicht, »weil man das so macht«, wenn man jung ist und hip sein möchte, sondern weil ich es will, weil ich Bock drauf habe. Es gibt keinen anderen Ort auf dieser Erde, dem diese Gewissheit innewohnt, so realistisch und so zukünftig, so schön und so unspektakulär zugleich. Wenn ich hier irgendwann mal herziehe, werde ich diese Stadt besser kennen als je eine zuvor. Vielleicht werde ich auch nie hier wohnen, weil ich es irgendwie schon die ganze Zeit tue. Hier lebe, immer wieder. Was heißt es, an einem Ort zu leben? Dort zu wohnen? Einen Alltag zu haben? Eine Routine? Einen Mietvertrag?

Fast immer dort zu sein? Sich mit den örtlichen Behörden rumzuschlagen, seinen Facebook-Status auf »Wohnt in« zu ändern? Vielleicht ist das sehr menschlich: Wir planen die ganze Zeit Dinge und vergessen währenddessen, dass wir schon mittendrin sind.

»Berlin wär laut und bunt, Stuttgart/Tübingen ruhig und bekannt«, schrieb ich nach meiner Weltreise in mein Notizbuch, als ich überlegte, wie und vor allem wo es nun weitergeht. »Berlin: Zukunft, Stuttgart: eine Verlängerung der Vergangenheit, eine Neuauflage mit verändertem Set«. Und auch jetzt ist diese Zukunft noch nicht gekommen. Weil ich weiß, dass alles nur einmal seine Zeit hat, und weil ich weiß, dass es zu früh ist für Berlin.

KAPITEL 29

Zuhause to go

Ich stehe mitten in Köln vor einem Bankautomaten und bin schockiert: Ich wollte nur kurz Geld abheben, und jetzt hat der verflixte Automat meine Bankkarte einbehalten. Empört drücke ich wahllos auf dem erleuchteten Bildschirm herum, was wie erwartet keinerlei positives Ergebnis zur Folge hat, vor allem, weil es sich nicht um einen Touchdisplay handelt, und stampfe schließlich durch die sich langsam öffnende Schiebetür in Richtung Filialschalter.

Nach ein paar ungeduldig verärgerten Minuten in der Warteschlange dämmert es mir langsam: Die Kündigung bei meiner Bielefelder Bank ist nun umgesetzt, die Karte nicht mehr gültig, der Automat wird sie mir nicht wiedergeben. Versucht unauffällig gebe ich meinen Platz in der Schlange wieder frei und schleiche zurück durch die Schiebetür. Irritiert bleibe ich draußen stehen: So zackig hatte ich mir die Trennung dann doch nicht vorgestellt. Irgendwie ... hätte ich noch gerne tschüss gesagt.

Wie dämlich, dieses Gefühl wegen eines Stücks Plastik mit Zahlen drauf zu haben. Dank Onlinebanking war ich effektiv seit Jahren in keiner Bielefelder Bankfiliale mehr, falls irgendein Sachbearbeiter für mich zuständig war, kannte ich seinen Namen nicht, und sowieso hätte ich bis eben jegliche emotionale Bindung an das Geldinstitut meines ersten Lebensabschnitts aus bestem Gewissen geleugnet. Die Entscheidung, mein Konto nach Köln zu verlegen, war schließlich eine rein pragmatische, ein bisschen wollte ich Bielefeld hinter mir lassen, ein bisschen Köln näher an mich ranholen.

Die Verwirrung darüber, was ich mit diesem Erlebnis nun anstellen soll, verschwindet in den folgenden Tagen unauffällig im Gewusel des Alltags. Dann passieren verschiedene komische Sachen: Eine Sparkassenfiliale in Chemnitz wirbt – ich bin mir nicht so sicher, wie witzig er das gefunden hätte – mit einer Kreditkarte mit einem Foto des Karl-Marx-Denkmals, Überschrift: »Mit der Heimat um die ganze Welt«. Wieder ein paar Tage später springt mich auf Facebook der Post einer in Südafrika aufgewachsenen Bekannten an: ein Foto ihrer Kreditkarte, darauf das sonnige Kapstadt am Fuße des Tafelbergs, Überschrift: »Always carrying you with me, my love.« Ich bin also nicht die Einzige – die heimische Bankkarte als emotional beladenes Symbol der eigenen Herkunft? Um Gottes willen, darauf wäre ich ja nie gekommen. Die tiefen Winkel der menschlichen Psyche ... Sofort beschließe ich, in meinem Freundeskreis eine Umfrage durchzuführen. Den unfreiwilligen Anfang macht Isa in Würzburg, die ich abends am Telefon mitten in unserer üblichen

Kalenderbesprechung unvermittelt nach dem Wohnort ihres Kontos frage.

»Äh, inzwischen hab ich das hierherverlegt. Warum?«, fragt sie, hörbar irritiert.

»Fandest du das auch so ... weird?«, frage ich und berichte von meiner Tragödie am Bankautomaten.

»Ja, voll!«, sagt sie, und wir lachen erleichtert, um direkt danach zu seufzen. »Das war komischer als der Auszug damals.«

Kathi in Tübingen hat ihr Konto noch in Bielefeld: »Ich hab keine Lust, das umzuziehen und überall die neuen Daten angeben zu müssen«, und Hendrik, den ich bei meinem FSJ in Baden-Württemberg kennengelernt habe, verrät mir, dass das Bild von Heidelberger Schloss und Brücke weiterhin seine Bankkarte prägt. Er ist als Kind mehrmals umgezogen, dann in Heidelberg aufgewachsen und nun über Karlsruhe in Potsdam gelandet.

»Wenn ich damit bezahle, ist das irgendwie eine schöne Erinnerung«, sagt er. »Und meine Karte sieht nicht so aus wie die von allen anderen.«

»Würdest du sagen, dass Heidelberg deine Heimat ist?«

»Ich weiß nicht«, sagt Hendrik kritisch. »Heimat ist so'n politischer Begriff. Ich hab zwar das Gefühl, nach Hause zu kommen, wenn ich in Heidelberg ankomme, das Gefühl, zurück zu sein. Aber nach spätestens zwei Wochen ist es dann auch ziemlich schön, wieder wegzufahren. Und Heimat klingt so, als ob man irgendwann zurückkommen würde. Für immer. Und wer weiß das schon?«

KAPITEL 30

Liebes Pendeln (Kein Liebesbrief)

Liebes *Pendeln*,

wie so oft sitze ich gerade im Zug und denke an dich. Beziehungsweise über dich. Nach. Ich habe sehr viel über dich nachgedacht in letzter Zeit, über die Rolle, die du in unserer Gesellschaft spielst. Über uns.

Wir müssen reden.

Ich mag dich schon länger nicht. Dich als Wort. Dich als Begriff. Dich als Konzept. Und ich meine noch nicht mal dich als esoterische Technik, etwas an einem langen Faden hin und her schwingen zu lassen, um irgendetwas herauszufinden, sondern ich meine tatsächlich das, was im Duden bei deiner Bedeutung an zweiter Stelle steht: *Sich zwischen zwei Orten hin- und herbewegen, (…) innerhalb eines Tages hin- und herfahren.*

Seit ich zum ersten Mal von dir gehört habe, bist du mir suspekt, nur wenn es sich nicht vermeiden ließ, habe ich von dir geredet, und dann hat mich neulich eine Freundin gefragt, ob ich nicht mehr eine Alltagspendlerin sei als eine Reisende, und jetzt, wo ich noch ein bisschen länger drüber nachgedacht habe, möchte ich schreiend im Kreis rennen und finde, dass niemals irgendwer ein Alltagspendler oder auch nur ein Pendler sein sollte (gibt es eigentlich Pendler, die keine Alltagspendler sind?). Ich versuche grundsätzlich, keinen unbegründeten Groll gegen Menschen und Sachen und Wörter zu pflegen, und dachte mir deswegen, es ist wichtig, dass wir heute mal quatschen. Beziehungsweise ich dich zu.

Wir beide leben in einer Gesellschaft, in der wir leidenschaftlich für alles den richtigen Begriff finden wollen, ich vermute, weil wir glauben, es dann verstehen und kontrollieren und einordnen zu können, so wie große Zettel in große breite Aktenordner oder kleine Zettel in kleine schmale Aktenordner oder die gelben Post-it-Zettel an den karierten Zeitplan an dem weißen Flipchart. Irgendwann, nachdem wir Sprache und bevor wir Flipcharts erfunden haben, sind wir als Spezies sesshaft geworden, haben uns Geld, Uhren, Wochentage, Kalender, Gemeinden und Gemeindegrenzen, uns erst das Rad und dann jede Menge Fahrzeuge, Mobiltelefone und das Internet ausgedacht, und inzwischen sind wir an so vielen Orten sesshaft, dass wir in einer Art Reminiszenz an unsere nomadische Vergangenheit dauernd dorthin unterwegs sein müssen / wollen / sind. So weit, so verwirrend. So ist das entstanden, was wir nun als dich bezeichnen: Jetzt gibt es Millionen *Pendler* in Deutschland, also Leute, die auf dem Weg zur Arbeit die Gemeinde ihres Wohnortes verlassen. Mehr als die Hälfte aller Arbeitnehmer, über 18 Millionen Deutsche tun das – aber ich möchte mit dir wetten, dass in keinem Lebenslauf oder Tinder-Profil stolz und erhaben steht: »Ich bin Wassermann, AC/DC-Fan und Pendler.« Man macht dich, aber man definiert sich nicht so. So richtig geil findet dich irgendwie keiner. Ich weiß nicht, ob du da so der Typ für bist, aber hast du dich mal gegoogelt? »Pendeln gefährdet Beziehungen«, steht dort, »Pendeln erhöht das Scheidungsrisiko«, »Pendeln bedeutet Stress«, »Macht Pendeln unglücklich?«, »Wenn die Mobilität zum Fluch wird«, bis hin zu biblisch-blockbusterartigen Prophezeiungen mit mehr Fortsetzungspotential als *Fluch der Karibik*: »Das Pendeln schlägt zurück: Warum Mobilität uns krank macht«. Es scheint mir, ich bin nicht die Einzige, nach der du locker Unwort des Jahres werden könntest. Oder des Jahrhunderts. All das hin- und herfahrende *Humankapital*, ein gesellschaftlicher *Kollateralschaden*, scheinbar aber trotzdem *alternativlos*. Das waren auch alles mal Unwörter des Jahres, und ich finde, sie passen besser zu dir, als es dir lieb sein sollte. Und vor allem uns.

Seit fast eineinhalb Jahren bin ich jetzt das, was die Wissenschaft einen *hochmobilen Einpersonenhaushalt* nennt, nur halt einer ohne eigenen Haushalt, und weißt du, liebes *Pendeln*, ich fühle mich als Reisende. Immer noch.

Reisen, das ist die Art, wie ich durchs Leben gehe. Wie ich die Welt wahrnehme, wie ich Situationen betrete, was ich denke, was ich suche, was ich finde. Reisen, für mich klingt das nach Leben, nach tollen Ausblicken, nach vor plötzlichen Regenschauern ins Café flüchten und nette Leute kennenlernen, nach Spaziergängen am Bach, nach Marktplätzen mit Kopfsteinpflaster und dem Duft von frischen Blumen und Brötchen, nach Brücken und Tempeln und Unterführungen, nach finden statt suchen, nach verlieren und loslassen, nach auf die Sonne schimpfen und im Regen tanzen, auch nach Bananenschalen auf dem Boden, nach Glatteis, nach Sackgassen, nach leeren Akkus, nach Umleitungen, nach Planänderungen und dann trotzdem wieder nach Sonnenschein und der erschöpft-wunderbaren Gewissheit des abenteuerlichen Lebendigseins. Du klingst wie die langen, flachen Rolltreppen am Flughafen – nur eben ohne nach der Rolltreppenfahrt zu irgendeinem exotischen Ziel zu fliegen. Mit der einen hin, mit der anderen zurück. Hin und her, jeden Tag. Wirklich jeden Tag.

Überhaupt, im Gegensatz zum Reisen bist du ein sehr neuzeitliches Phänomen. Über dich gibt es keine Zitate von deutschen Dichtern und römischen Denkern und all den anderen schlauen Menschen, und wenn man das mal ansatzweise ausprobiert, versteht man auch ganz schnell, warum: »Nur Pendeln ist Leben, wie umgekehrt das Leben Pendeln ist«, hätte dann Jean Paul gesagt. »Pendeln veredelt den Geist und räumt mit unseren Vorurteilen auf«, käme von Oscar Wilde, und »Die beste Bildung findet ein gescheiter Mensch beim Pendeln« oder »Man pendelt nicht, um anzukommen, sondern um zu pendeln«, hätte Goethe beigesteuert. Würden wir Mark Twain, »Es gibt kein sichereres Mittel, um festzustellen, ob man einen Menschen mag oder nicht, als mit ihm Pendeln zu gehen«, Folge leisten, würde unsere Spezies wohl innerhalb von zweieinhalb Tagen aufgrund mangelnden Nachwuchses aussterben. Du siehst, worauf ich hinauswill, denke ich. Dann hat mich neulich zu allem Überfluss auch noch jemand »Extrempendlerin« genannt. Extrempendeln. So als wär das eine Sportart. Oder ein Guiness-World-Record-Versuch.

»Und, was machst du so?«
»Ich bin Extrempendler.«
»Ach, kann man davon leben?«

Wenn, dann ist die Frage ja überhaupt, wie man *damit* leben kann und ob man so was sein möchte. Red Bull hat sich jedenfalls bisher noch nicht bei mir oder einem anderen Pendler gemeldet, obwohl die Stressbelastung von vielen Pendlern laut einer Studie der Universität von Sussex der von Kampfpiloten in nichts nachsteht, und das sehe ich jetzt mal als deutliches Zeichen dafür, dass das hier nicht als Leistungssport gilt, auch wenn es für viele Menschen anscheinend einer ist.

Mein größtes Problem mit dir ist aber trotz all dem ein anderes: dass du uns beibringst, es käme auf das Ziel an und nicht auf den Weg. Welch bescheuerte Idee in einem Leben, das aus sehr viel Weg und letztendlich nur einer finalen Zielgeraden besteht, und dann auch noch aus einer, zu der wir eigentlich nicht so schnell hinwollen sollten, weil hinter ihr weder Sektdusche noch Konfettiregen warten, weder die Zeit, endlich mal die Dinge zu tun, die wir schon immer tun wollten, noch eine golden eingerahmte Urkunde dafür, wie schnell und zielgerichtet wir alle Stufen unseres Lebens durchlaufen haben – sondern, dessen bin ich mir sehr sicher, einfach das große Nichts. Oder, wenn wir Glück haben, ein riesiges Bällebad. (Aber mal ehrlich, auch das wird irgendwann langweilig.)

In deinem Sinne gilt es, das Unterwegs immer nur möglichst schnell und problemfrei hinter sich zu bringen, und das ist mir überaus suspekt, wo ich doch den Weg so liebe und all die Wunder und Abenteuer, die in ihm liegen. Du weißt ja, wie sehr ich Kreuzfahrtschiffe nicht mag, und deswegen verstehst du wohl, wie schwer es mir fällt, Folgendes zu sagen: Den Sinn von Ziel und Weg haben die deutlich besser verstanden als du.

Klar, auch ich will irgendwann ankommen. Auch ich sitze gerade im ICE, weil der am bequemsten und schnellsten und dunkelblausten ist, aber ich würde mich nie als Pendlerin bezeichnen, vielleicht, weil das hier alles viel zu lebendig ist, weil ich nicht jeden Tag dieselben Strecken fahre, weil ich meine Nase mit der aufrichtigen Begeisterung einer Fünfjährigen gegen die Scheibe drücke, wenn wir an den Flughäfen in Düsseldorf oder Frankfurt vorbeifahren und gerade eine dieser irren, fliegenden Konstruktionen ihrer Arbeit nachgeht. Weil ich andauernd panisch mein Handy aus der Tasche ziehe, die Karten-App öffne und meinen Standort per Screenshot festhalte, um zu wissen, wo genau in diesem schönen Land ich mich gerade befinde, und um nachgucken zu können, wann welche Regionalbahn dort mal hinfährt, oder weil ich mir so oft denke, wie schade es ist, dass ich nun schon aussteigen muss, wo es hier doch gerade so gemütlich ist. Vielleicht liegt es daran, dass ich das hier noch nicht seit Jahrzehnten mache, vielleicht bin ich jung und brauche die Bewegung, vielleicht ist meine DNA fehlerhaft an der Stelle, an der das Interesse für Wohnmagazine reinprogrammiert sein sollte, auf jeden Fall fühle ich mich nicht so, wie über dich geredet wird und wie viel zu viele Menschen an den Bahnhöfen und in den Zügen dieser Republik aussehen.

Und dann ist da noch Folgendes: Du klingst nach Bewegung, aber bist per definitionem Bewegung bei gleichzeitigem völligen inneren Stillstand, und das halte ich für gefährlich. Ein Pendel hält nie inne, es nutzt sich nur mit der Zeit immer mehr ab, bis es irgendwann kaputt ist, und das ist doch ziemlich tragisch, oder? Es schwingt hin und her, oder eben im Kreis, es verlässt seine Laufbahn nicht. Kein Verweilen, kein wiederholtes Ankommen, kein wiederholter Aufbruch, keine spontanen Umwege, keine abenteuerlichen Sackgassen. All das, liebes *Pendeln*, ist der Grund dafür, dass ich seit Monaten das dringende Bedürfnis verspüre, *Pendeln – Nein Danke*-Aufkleber drucken zu lassen und sie an die rauen Tankstellenwände und glatten Bahnhofshallen dieser Republik zu klatschen.

In ein paar Jahrhunderten, wenn wir nicht nur unsere Daten, sondern auch uns beamen können und DB nicht mehr für *Deutsche Bahn*, sondern für *Deutsche Beamgesellschaft* steht, wird wohl keiner mehr pendeln. Oh, wie schrecklich wird das, wenn es dann gar keine Zwischen-Zeit mehr gibt, in der man sich langweilen oder mit Bänken auseinandersetzen kann, und wie schön wird das, wenn nie wieder jemand unterwegs sein muss, ohne dass er das will. Aber bis dahin, so habe ich die Befürchtung, wirst du erst mal nicht so schnell weggehen. Oder wir dich in Ruhe lassen. Was fangen wir also mit dir an?

Vielleicht liegt es auch nicht an dir. Vielleicht liegt es an uns.
Vielleicht haben wir einfach das Problem, dass das, was so viele von uns machen, mal als du definiert worden ist und

wir deswegen denken, es sei völlig normal und unvermeidlich, genervt und auf die Uhr guckend inmitten von genervten und auf die Uhr guckenden Menschen in Bahnhöfen zu stehen und Zügen und Autos und Flugzeugen zu sitzen. Es sei völlig normal, den Computer zu Hause zurückzulassen, um im Büro Dinge an einem Computer zu machen.

Wahrscheinlich werden wir dich erst mal nicht los, aber vielleicht können wir *pendeln*, ohne Pendler zu sein. Wenn wir dich mehr als reisen begreifen würden, wenn uns klarwird, dass es keine Zeit gibt, die nicht Lebenszeit ist, würden wir vielleicht öfter mal etwas anders machen. Nicht nur, wenn uns Baustellen oder Umleitungen keine andere Wahl lassen, sondern gerade dann, wenn wir die Wahl haben, auch wenn uns das oft nicht bewusst sein mag, weil die Routine uns heimlich, still und leise, einen riesigen Berg Tomaten auf die Augen hat rieseln lassen. Dabei könnten wir immer. Einfach mal in diese Straße da reinfahren und schauen, wo sie uns hinbringt. Mal einen anderen Weg nehmen, auch wenn er länger ist, mal *vor* der Arbeit ein Eis essen, und nicht danach, mal *vor* der Arbeit in die Disco gehen, wie man es jetzt in Berlin kann, klar, wer sonst bietet in Deutschland so was an. Vielleicht müssen wir mit unseren Routinen ein bisschen mehr so umgehen wie der Mitarbeiter beim Bäcker im Bielefelder Hauptbahnhof mit seinen Kunden, der ab und zu mit einem verschmitzten »Warum?« auf ihre runtergeratterten Bestellungen antwortet. Vielleicht ist das die Frage, die wir uns viel zu selten stellen: Warum?

Ich jedenfalls weiß nur, dass ich, wenn ich groß bin, nie eine Pendlerin sein möchte.

Also, liebes *Pendeln*, wenn du demnächst mal wieder zusammen mit all den anderen Wörtern an einem Konferenztisch beim Duden sitzt und ihr euch über die nächste aktualisierte Ausgabe unterhaltet, sage deinen Kollegen doch einfach, dass du dich in naher Zukunft aus privaten Gründen gerne mehr auf den esoterischen Bereich konzentrieren möchtest und es deswegen begrüßen würdest, wenn man dich als Begriff für ein gesellschaftliches Mobilitätskonzept langsam in den Hintergrund stellen würde. Notfalls faselst du etwas von unüberbrückbaren Differenzen, das funktioniert bei Hollywood-Scheidungen ja auch immer ziemlich gut. Und vielleicht passiert dann ja irgendwas.
Mit dir. Mit mir. Mit uns.

Deine Leonie

KAPITEL 31

Nicht-Warten

Abends um 23 Uhr stehe ich auf einem Bahnsteig des Frankfurter Hauptbahnhofs. Ich schaue nach links, ich schaue nach rechts. Ein Pärchen sitzt auf einer Bank ein paar Meter entfernt, ein Mann telefoniert, eine Gruppe Jugendlicher turnt auf dem Bahnsteig herum. Die aufgeklebten Blumen schimmern durchs milchfolienbeklebte Fenster der ICE-Toilette gegenüber.

Ich setze mich auf eine freie Bank. Die Plakate hängen ruhig vor sich hin.

»ICE nach Dortmund Hauptbahnhof, heute 15 Minuten später«, sagt die Durchsage.

Ich warte nicht.

Das eigentümliche Gefühl, nicht zu warten.

Ich bin hier, weil ich in einen Zug steigen werde, wenn er hier ist. Jedes Element meiner Situation könnte problemlos als Warten auf ein Ereignis definiert werden. Aber ich warte nicht. Ich warte nicht, also bin ich? Vielleicht ist zu Hause da, wo man nicht wartet. Das hieße, zu Hause ist da, wo man ist und nicht wegwill. Wo man nicht darauf wartet, woanders zu sein. Wo man begriffen hat, dass alles vergänglich ist.

Die Kopfhörer baumeln an meiner Tasche, die Geräusche sind da, aber sie stören mich nicht. Sie gehören zu mir, sie durchfließen mich und berühren mich nicht. Wir sind eins. Keine Meditationsapp auf den Ohren, kein Bedürfnis, mein Gehirn auf Facebook wegzuscrollen.
Das Stirnband wärmt meinen Kopf, aber meine Finger frieren, meine Handschuhe habe ich nicht dabei. Es ist kalt, ich habe einen langen Tag hinter mir, es ist elf Uhr abends, ich werde noch zweieinhalb Stunden brauchen, bis ich auf einem Sofa liege, und ich bin erkältet. Aber ich warte nicht. Weil ich genau da bin, wo ich sein will. Wo ich mich wohl fühle. There's no where I'd rather be.

Die Erkenntnis trifft mich. Die Erkenntnis, so frei zu sein. Der Kopf auf meinen Schultern ist eine gute Sache, aber ich sollte aufpassen, mich nicht von ihm einschränken zu lassen. Mir von ihm keine Grenzen setzen zu lassen. Mein Kopf gewinnt nichts dadurch, aber ich verliere. Zeit. Leben. Lebenszeit.

Die anderen erscheinen mir ungeduldig. Ich sitze einfach nur hier und schreibe. Ein ganz großes Glück.

»Schau mal! 250 km/h«, sagte der Vater im Zug eben zu seinem kleinen Sohn und zeigte auf die Geschwindigkeitsanzeige im ICE-Bildschirm.

»Warum soll man wissen, wie schnell man ist?«, antwortete der kleine Junge. Darauf wusste der Vater auch keine Antwort. Und ich weiß inzwischen: Es gibt keine.

KAPITEL 32

Jedem Ende

Jedem Anfang wohnt ein Zauber inne, hat Hermann Hesse mal geschrieben. Er ist sehr oft umgezogen und hatte zumindest in meinem Alter deutlich weniger Kram als ich, und inzwischen bin ich mir wirklich sehr sicher, dass er das meinte, was nach einem Umzug kommt. Sein Spruch beginnt ja ganz klar auch erst dann, wenn der Zauber schon im Anfang wohnt, und nicht, während er noch dort einzieht.

An einem warmen Herbsttag stehe ich zusammen mit einer Freundin in einer vierzig Quadratmeter großen Ruhe vor dem Sturm aus weißen Wänden, offenen Schränken und noch leeren Schubladen. Ich habe die Anzahl der benötigten Treppenhochstiege ein bisschen unterschätzt, alles verspätet sich, und gerade als wir anfangen, die Kisten reinzutragen, fängt die Sonne an zu glühen. Einzüge sind mit Abstand das beste Argument, um nie wieder irgendwo auszuziehen, oder es zumindest möglichst lange zu lassen. Wie lange ich das tun werde, das weiß ich noch nicht, und das muss ich auch nicht. Denn: Ich erweitere mein Leben in und mit der Deutschen Bahn um ein eigenes kleines Zuhause. Schlafen werde ich weiterhin bei Freunden und Verwandten im ganzen Land, nächstes Jahr mein Studium in Leipzig beginnen, in der Stadt meines schon lang verstorbenen Großvaters mütterlicherseits, und ansonsten das tun, was ich vorher auch schon immer getan habe: unterwegs sein. Nur eben mit einem eigenen Wohnraum, zu dem ich immer genau dann zurückkomme, wenn ich es möchte, und nicht einfach, weil ich ihn habe.

Eineinhalb Jahre ist es her, dass ich an dem regnerischen Stuttgarter Frühlingstag mein sesshaftes Leben in einen Transporter gepackt und in den Familienkeller gestellt habe. So richtig, das steht inzwischen fest, werde ich es nie wieder haben. Hatte es auch vorher schon nicht. Vermisse es nicht. Und nun, trotz des Endes meiner Beziehung zu Beginn dieses Jahres, zieht es mich nach Köln, ziehe ich nach Köln. Ich habe vergessen, wie es sich anfühlt. Ich will herausfinden, was ich hinter mir gelassen habe. Und wie ich das mit meinem aktuellen Lebensabschnitt vereinbaren kann, wohnen und leben, Sesshaftigkeit und Nomadentum. Wie es sich anfühlt, mich in neue Bindungen zu geben, wie Hesse es schrieb, in die Bindung zu einer Stadt, die vorher nicht meine war und der ich mich trotzdem verbunden fühle, die ich mit meinen Erinnerungen füllen möchte.

Eineinhalb verrückte Jahre liegen hinter mir: Es ist für mich normal geworden, Autos zu fahren, die weder mir noch einer anderen Privatperson gehören, Fahrräder irgendwo in der Stadt abzustellen, verschiedene Städte auf verschiedenen Wegen, durch die Augen verschiedener Menschen kennenzulernen. Mittendrin zu sein, außen vor zu sein, zu beobachten. Öffentlichkeit und Nichtöffentlichkeit sind verschmolzen. Ich habe das Hier&Jetzt gefunden, mitten im Alltag, mitten im »richtigen Leben«, von dem ich nun weiß, dass es das eigentlich nicht gibt, denn was wäre ein »nichtrichtiges Leben«?

Jeden Tag dankbar zu sein für das Leben, das wir hier führen, das ich hier führe, für die Menschen in meinem Leben. Heimat hat immer noch keinen Plural, immer noch keine Definition, die ich in Worte fassen könnte. Und die brauche ich in diesem Lebensabschnitt auch nicht, ich bin mir nicht sicher, ob ich sie jemals brauchen werde. Ich habe gelernt, was zu Hause ist, wie viele Orte für mich zu Hause sind. Wie schön es ist, welch unterschiedliche Arten von zu Hause es für mich gibt. Dass zu Hause sein und zu Hause fühlen eigentlich das Gleiche ist. Ich habe gelernt, dass man im Leben von anderen Leuten zu Besuch sein, aber nicht darin leben kann, das ist das, was ich in meiner Beziehung versucht habe, und das ist das, was nicht funktioniert hat. Und das ist in Ordnung. Ich habe gelernt wegzugehen, damit ich weiterkommen und wiederkommen kann, und was immer dann da ist, hat seine

Berechtigung. Ich stelle eine semihübsche, grüne Schneekugel mit einem halb im Wasser versunkenen Schloss Neuschwanstein in mein Regal. Als Erinnerung, und als Ermahnung.

Schon bald flattern die Glückwünsche und Geschenke der vier Zipfelorte ins Haus, und schon bald werde ich mich fragen, wer eigentlich die Idee mit der Wohnung hatte, und eine WG daraus machen. Ich werde die Öffnungszeiten des Supermarkts lernen, die Speisekarten der Cafés, die Umsteigemöglichkeiten an der Bahnhaltestelle, die Entfernungen, Nachbarn kennenlernen, werde den ersten Tee kochen und die ersten Dr. Oetker-Backmischung-Brownies backen. Ich werde lernen, dass zu Hause fühlen Zeit braucht. Dass wir das Neue brauchen, um das Alte das Alte sein zu lassen. Dass auch ein nichtmobiles Zuhause entsteht, indem man immer wieder da ist und das wirklich gerne tut. Dass zu Hause da ist, wo man im Dunkeln das Treppenhaus hochhüpfen kann, ohne sich auf die Nase zu legen, wo man die Gemüsenummern im Supermarkt auswendig kennt, wenigstens fast, und man sich auf seine Mitbewohnerin freut, die einen zwingt zu schreiben, dass sie wirklich eine ganz super duper tolle Mitbewohnerin ist. Meine Oma wird unsere Telefonate weiterhin mit »Von wo aus rufst du an?« beginnen, und ich werde lernen, dass ich regelrecht vergesse, dass ich ein eigenes Zimmer habe, wenn ich unterwegs bin, und mich dann umso mehr freuen, wenn wieder »Köln« im Kalender steht und ich wieder erst auf dem Weg dorthin und dann da bin.

Die BahnCard100 werde ich weiterhin haben: Es gibt wohl nichts, was so süchtig macht wie die Freiheit. Geändert hat sich schließlich nichts: Die Menschen, Plätze, Orte, Züge, Partys, Schlösser, Museen, Abenteuer, Zuhauses, kurz, das Leben in diesem Land ist immer noch so verstreut wie ziemlich viel, ziemlich großes Konfetti auf einer ziemlich großen Landkarte. Und jetzt, jetzt ist es Zeit für eine neue bunte Seite, Zeit für etwas Neues, Zeit für frische Luft, beschließe ich und mache mich daran, die Fenster zu öffnen. Die knallenden Sonnenstrahlen der Mittagshitze lenken meinen Blick auf die geschwungenen Buchstaben am braunen Rand des Fensterrahmens. *Große-Bielefelder-Fenster-Firma* prangt dort.

»Ach komm schon«, grinse ich nach oben in Richtung Universum. »Das ist doch jetzt echt 'nen bisschen zu kitschig.«

Epilog

»Bist du dir sicher?«, fragt meine Mutter.
»Ja«, sage ich und nicke entschieden.
»Ganz sicher?«, fragt sie.
»Ja. Heute.« Wir lachen.

Ein bisschen ungläubig und gleichzeitig spektakulär unbeeindruckt schwebt sie mit ihrem kleinen, weinroten Koffer die Stufen zur Haustür hinunter. Kurz darauf sitzen wir an diesem sonnigen Wintertag in einem Café in Terminal A am Flughafen Tegel. *Feel at home* steht in großen Buchstaben hinter uns an der Wand.

In der U-Bahn vom Flughafen zum Bahnhof Spandau sitzen mein Rucksack und ich ein bisschen perplex vor uns hin.
»Sie werden so schnell erwachsen«, seufzt mein Rucksack, und innerlich breche ich in schallendes Gelächter aus. Ein komisches Gefühl: Jetzt geht meine Mutter auf Sabbathalbjahr-Weltreise und ich ... nicht.

»Das ist irgendwie witzig, oder?«, fragt meine Sitznachbarin in meine Gedanken hinein und deutet auf das psychedelisch anmutende Muster der typischen Berliner U-Bahn-Scheibe vor unseren Nasen. Auf dieser lungert eine Horde von in vier Winkeln gedrehten Brandenburger Toren herum. Wir kommen ins Gespräch.

»Steigen Sie auch gleich aus, in Spandau?«, frage ich und deute auf ihren Koffer.
Sie nickt. »Und dann geht's Richtung Köln.«
»Ach, wohnen Sie da?«
Wir verlassen die U-Bahn.
»Nee, ich muss unterwegs aussteigen, ich komme aus der Stadt, die es laut Fernsehen nicht gibt«, sagt sie.
Ich reiße die Augen auf. »Ach was? Ich auch!«
»Wie, Bielefeld?!«
»Ja, Bielefeld!« Wir lachen herzlich.

»Die Welt ist klein«, höre ich mich sagen und denke sofort: Was für ein Quatsch. Sie ist nicht klein. Sie ist riesig. Und mal ehrlich, noch nie waren wir so groß, wie wir es jetzt sind. Wissen und erleben wir nicht mehr und können wir nicht mehr wissen und erleben als all die Menschen vor uns? Wir sind mit mehr Verwirrung, aber auch mehr Möglichkeiten konfrontiert als alle unsere Vorfahren. Noch nie war es uns als Individuen und uns als Gruppe so einfach, etwas anders zu machen. In unserem Alltag und in unserer Welt. Dank Milgram wissen wir, dass wir über maximal sieben Ecken mit allen Menschen auf dieser Welt verbunden sind. Dass alles, was wir tun und lassen, Auswirkungen auf andere Menschen hat. Wir haben so viel erfunden, uns so viel ausgedacht, wir sollten nie vergessen, dass wir es uns auch anders ausdenken können. Es anders machen können. Routine ist eine super Sache, wenn es darum geht, nicht jeden Tag sitzen und laufen und sprechen üben zu müssen, aber nicht wenn es darum geht, die unglaublichen Fähigkeiten, die wir im Laufe von Jahrtausenden angesammelt haben, unsere Sinne, unser Gedächtnis, unser Gehirn und unser Bauchgefühl auf unser inzwischen voraussichtlich jahrzehntelanges, gesundes Leben in einem der sichersten, freisten Länder dieses Planeten anzuwenden. Auf die ein oder andere Art unterwegs zu sein, unser Leben an vielen Orten zu leben. Vielleicht können wir überall sein, wenn wir wissen, warum wir da sind und warum wir da sein wollen. Wenn wir zu schätzen wissen, wo wir herkommen, wenn wir den Menschen und Orten dankbar sind, die in unserem Leben sind, und uns selbst, für unsere Entscheidungen, unseren Mut. Vielleicht können wir überall hingehen, wenn wir wissen, wo wir herkommen, wenn wir es mit Hesse halten und an keinem Ort wie an einer Heimat hängen. Und stattdessen die Routine, die Trägheit, die lähmende Gewöhnung aus unserem Leben rausschmeißen und uns die Routinen, die wir zu einem Zuhause unseres Alltags machen wollen, sehr genau aussuchen. Das Leben ist kein Ponyhof, ja, aber es ist auch keine Beerdigung. Und wenn ich dann gehe, will ich das Gefühl haben, dass ich da war. Dass ich immer wieder achtzehn war. Wie meine Bekannte Viktoria so weise sagte, als wir abends in Boston vor einem Tisch voller Sushi saßen: »Man vergisst ja auch nicht, wo man herkommt. Man lernt nur viel über sich.«

Ich will meine Gesprächspartnerin gerade fragen, was zu Hause für sie bedeutet, als ich geistesgegenwärtig mein Handgelenk entblöße. »Mist, ich muss los«, haspele ich und haste mit meinem Rucksack Richtung Rolltreppe. «Grüßen Sie mir die alte Heimat!«
Sekunden vor dem Piepen der Türen landen meine Füße mit einem großen Satz auf dem Teppichboden. Die winterliche Sonne scheint, ich lasse mich in einen Sitz fallen und freue mich auf Isa in Würzburg.

»Stell dir mal vor, wir würden gerade zum zweiten Mal leben. Was würdest du anders machen?«, fragte ich Jule, die beste Freundin meiner Schulzeit, als wir in unseren frühen Teenagerjahren mal wieder nach dem Kinobesuch mit McDonalds-Apfeltaschen auf einem abendlich erleuchteten Bahnsteig des Bielefelder Bahnhofs saßen, und biss in meine Apfeltasche.

»Vielleicht ist das hier schon unser zweiter Versuch«, schoss es mit bewundernswerter Sicherheit aus ihr heraus, was mir unheimlich schlau vorkam. Es immer noch tut.

Wahrscheinlich, denke ich nun, ist es auch egal, das wievielte Leben das hier nun ist, denn es ist das einzige, dessen Existenz wir uns sicher sein können. Wir existieren. Wenn danach noch etwas kommt, haben wir Glück gehabt. Wenn nicht, können wir in Frieden tot sein. Es ist großer Quatsch, dass wir alles schaffen und erleben und sein können. Jedes unserer Leben, jede unserer Entscheidungen wird immer nur eine von vielen möglichen sein, aber es ist mindestens genauso großer Wahnsinn, nicht das Mögliche zu versuchen und vorher ein bisschen zu erweitern, was wir für möglich halten. Und dass wir nie wieder so frei sind wie in unserer Jugend. Welch süßer Trugschluss, dessen kirschverziertes Sahnehäubchen nur dann aus Wahrheit besteht, wenn Resignation das Fundament des Kuchens ist. Ich bin noch nicht sehr alt, aber ich habe den Eindruck, dass die Tatsache, dass wir immer älter werden und nicht wie Benjamin Button immer jünger, 'ne gute Sache ist, wenn wir dabei nicht vergessen, dass all die Kindheit, all die Jugend immer noch in uns sind. Dass Verantwortung, Verbundenheit, Möglichkeiten, Freiheit etwas Gutes sind. Weil sie einen Rahmen geben, zum Drinsitzen, zum Hinterfragen, zum Ausbrechen, zum Mitnehmen und Woandershingehen. Und achtzehn zu sein, habe ich gelernt, ist keine Frage des Alters. Das passt praktischerweise auch mir ganz gut, weil auch ich nie wieder so jung sein werde, wie ich es jetzt bin. Und ich werde mich hüten. Vor Menschen, die immer nur Antworten haben und nie Fragen stellen, vor »weil das so ist«'s und »weil ich das schon mal so gemacht habe«. Ich werde aufpassen, nicht aufzuhören zu fragen, was ich werden will, wenn ich schon irgendetwas bin, wo ich hinwill, wenn ich schon irgendwo bin. Wir können nämlich immer noch etwas und jemand anderes werden. Ein bisschen zumindest. Vielleicht sollten wir uns der Masse der Zopf und Chucks tragenden Mädels vor Justin Biebers Hotelzimmer in Helsinki anschließen, die, als ich abends wieder am Hotel vorbeikam, gleichermaßen resigniert wie amüsiert über ihre unveränderte Situation einfach jedes Mal jubelten und klatschten, wenn irgendjemand das Hotel verließ. Justin Bieber kam nicht raus, aber sie hatten trotzdem ihren Spaß. Und inzwischen sind sie hoffentlich weitergegangen.

Dieser halbwegs runden Ansammlung von Materialien, auf der wir leben, haben unsere Vorfahren den Namen *Planet* gegeben – *Reisender*. Sosehr wir als Lebewesen auf diesem Planeten alle Reisende sind, so ist unser Leben doch eben eins nicht: eine »Der Erreichung eines bestimmten Ziels dienende Fortbewegung über eine größere Entfernung«, wie der Duden die *Reise* definiert. Alles, nur um Himmels willen das nicht.

Ich glaube, mit dem Leben ist es stattdessen ein bisschen so wie mit der Deutschen Bahn: Wer zum Einstieg nicht alle vorhandenen Türen nutzt, ist selbst schuld und über unsere Anschlussmöglichkeiten werden wir rechtzeitig informiert, wenn wir nur genau hinhören. Wenn wir meckern, sollten wir nie vergessen, dass wir das auf einem der höchsten Niveaus der Welt tun, und manchmal brauchen wir einen dicken, fetten Kopfbahnhof in unserem Leben, damit wir danach wieder in der richtigen Richtung unterwegs sind. Würden wir allen Ideen ihr Risiko nehmen und sie sicherheitshalber zu Durchgangsbahnhöfen machen wollen, würden wir einen großen Fehler begehen, und *thank you for choosing* gibt's halt nur, wenn wir uns entscheiden. Für das Neue. Für das Abenteuer. Für das, was sich richtig anfühlt.

Und wenn der Ernst des Lebens das Hamsterrad für eine gemütliche Bleibe hält, von mir aus. Ich werde im großen Bogen rausspringen, sobald ich jemals wieder merke, dass ich da drin schon wieder Anlauf nehme. Aber vielleicht schicke ich ihm trotzdem mal 'ne Postkarte. Aus Dortmund, aus Neuschwanstein oder von den Fidschis. Und da steht dann drauf:

Die Zeit, die gut hingeht, kommt nicht schlecht wieder.
Sagt meine Oma immer.

Ich drehe mich um und lächle durch den Waggon. Es geht weiter. Immer weiter.

Danksagung

Ich danke allen wunderbaren Menschen, bei denen ich unterkommen durfte und darf, und euren Sofas für die gemütliche Herberge. Danke, dass ihr mich in eure Leben und eure Wohnungen lasst.

Von Herzen danke ich allen, die meinen Weg begleitet haben und begleiten, mich unterstützt und ermutigt haben, dieses Buch zu schreiben, und mich regelmäßig gefragt haben, wie weit ich denn schon so sei, was mich echt so überhaupt gar nicht unter Druck gesetzt hat.

Ich danke herzlich dem S. Fischer Verlag, Tina Spiegel, Inga Lichtenberg, Julia Schade und Katrin Bojarzin.

Danke an Dr. Konrad Götz, Prof. Dr. Stephan Rammler, Prof. Dr. Andreas Knie, Prof. Dr. Martin Lanzendorf und Dr. Karlheinz Geißler für Ihre Zeit, Antworten, Fragen und Impulse.

Ich danke den wunderbaren Menschen in meinem Leben für eure Liebe, Freundschaft, Verrücktheit und Unterstützung. You know who you are.

Maike van den Boom
Wo gehts denn hier zum Glück?
Meine Reise durch die 13 glücklichsten Länder der Welt
und was wir von ihnen lernen können
352 Seiten. Gebunden

Maike van den Boom reist in die 13 glücklichsten Länder der Welt. Von Australien über Panama bis Island entdeckt sie einen anderen Umgang mit der Zeit, mehr Vertrauen, Respekt, mehr Konsens, mehr Gelassenheit und Humor, einfach ein unerschütterliches Wir-Gefühl.

»Wenn Sie möchten, dass das Glück länger bei Ihnen verweilt als nur auf eine Tasse Kaffee, dann bieten Sie ihm etwas mehr an als fünf Minuten Pause, eine Woche Urlaub oder zwei Mal wöchentlich Sport. Die Menschen in den glücklichsten Ländern der Welt haben mir gezeigt, wie wir das Glück dazu überreden können, unser Leben dauerhaft zu begleiten.«

Das gesamte Programm gibt es unter
www.fischerverlage.de

Voller magischer Momente für Leser

Buchbewertungen und Buchtipps von leidenschaftlichen Lesern, täglich neue Aktionen und inspirierende Gespräche mit Autoren und anderen Buchfreunden machen Lovelybooks.de zum größten Treffpunkt für Leser im Internet.

LOVELYBOOKS.de
weil wir gute Bücher lieben